Kleine Schriftenreihe der
Historischen Kommission
zu Berlin

Herausgegeben von Wolfgang Ribbe

Heft 4

CHRISTOPH GERHARD WILHELM RITTER

Prediger –
Chronik der Kirche zu Wilmersdorf
1665 – 1846

Aus dem Manuskript übertragen
und mit Anmerkungen versehen von
Leonhard Deppe

Verlag für Berlin-Brandenburg
Potsdam

Lektorat der Schriftenreihe:

CHRISTIAN SCHÄDLICH

Redaktion des Heftes:

ROSEMARIE BAUDISCH

Die Deutsche Bibliothek – CIP-Einheitsaufnahme

Ein Titeldatensatz für diese Publikation ist bei Der Deutschen Bibliothek erhältlich. (http://www.ddb.de)

ISBN 3-932981-66-9

Abbildung auf dem Einband:
Die Wilmersdorfer Kirche. Anonyme Ölmalerei.
Original im Besitz der Evangelischen
Auenkirchengemeinde Wilmersdorf.

1. Auflage 2000
© Verlag für Berlin-Brandenburg GmbH, Potsdam.
Printed in Germany. Alle Rechte, auch die des
Nachdrucks von Auszügen, der photomechanischen
Wiedergabe und der Übersetzung, vorbehalten.

Satz: CTG Computer-Typo-Graphik H. Mielenz.

Zum Geleit

An seinem 60. Geburtstag, am 13. Juni 1833, setzt sich der Pfarrer zu Wilmersdorf, Schmargendorf und Dahlem, Christoph Gerhard Wilhelm Ritter nieder und beginnt »einen kurzen Abriß meines Lebens für die hiesige Pfarre niederzuschreiben« und zwar »in diesem älteren Kirchenbuche [1771-1803] derselben, in welchem sich noch so viel leerer Raum befindet.« Er tut dies als der elfte namentlich bekannte Pfarrer in Wilmersdorf, seitdem hier im 13. Jahrhundert eine Kirche errichtet wurde. Er spürt seinen Vorgängern bis ins 16. Jahrhundert nach und wünscht, daß seine Nachfolger im Amte »*meinem Beyspiele folgen*«, damit solche *biographischen Nachrichten für die Nachwelt selbst Quellen zur Kirchengeschichte werden* könnten.

Keiner seiner Vorgänger und Nachfolger ist seinem Beispiele gefolgt; schlimmer: die Brände und Kriegswirren der Vergangenheit lassen im Jahre 1805 nur fünf Kirchenbücher übrig, das kurzlebige Gedächtnis der Moderne und das immer beschleunigtere Lebenstempo der Gegenwart sind der Aufzeichnung und Bewahrung des Vergangenen nicht förderlich. Da ist es ein fügliches Wunder, daß Pfarrer Ritters Lebens- und Predigerchronik in zwei Etappen wie ein Schatz aus der Versunkenheit gehoben wird:

Anfang dieses Jahrhunderts entdeckt Pfarrer Albrecht Kaiser das Manuskript in jenem alten Kirchenbuche und beginnt mit der Transkription – und bricht ab. In einem späten Aufsatz über »Die Pfarrer von Wilmersdorf« wird er von seinen Forschungen berichten. Aber auch dies gerät in Vergessenheit. Bis fast hundert Jahre nach diesem Beginn, bei den Vorarbeiten zur 100-Jahrfeier der Stadtkirche Wilmersdorf (»Auenkirche«) erneut ein Blick auf das alte Kirchenbuch fällt. Dabei tut sich nicht nur Kirchengeschichte auf sondern preußische Patronatsgeschichte und das in den gebildeten Ständen miteinander verknüpfte Geistesleben des brandenburgischen und mitteldeutschen Raumes. Es wird geheiratet, gereist und disputiert. Es wandert das europäische Kriegsvolk durch das kleine Dorf bei Berlin, von Kalmücken und Kosacken bis zu französischen Offizieren mit ihren Maitressen. Der junge Prediger erlebt 1806 auf dem Berliner Schloß die Audienz der Berliner Geistlichkeit bei Napoleon und 1844 als alter Pfarrer das erste in Brandenburg begangene Reformationsfest. Er publiziert selbst Schriften pädagogischer, philosophischer und allgemeinbildender Art und erleidet als installierter Pfarrer die Katastrophe einer früh gescheiterten Ehe, bei der die königliche und konsistoriale Hierarchie auf seiner Seite stehen. Er protestiert theologisch-gebildet gegen die aufkommende Strömung pietistisch-mystischer Prediger. Er schlägt sich eine Professur in Dorpat aus dem Kopf und ist fast vier Jahrzehnte Pfarrer seiner Herren und Bauern, für die er im dürren Jahr notiert: *die Kartoffeln mißriethen ganz, die Wiesen waren roth*. Er erlebt im letzten Jahr seines Lebens, nach unablässigem Bemühen, die Indienstnahme der ersten Orgel Wilmersdorfs (1846), *und ihre ersten Töne ließen kein Auge trocken.* Mit diesem Ereignis bricht die Predigerchronik ab. Wir ziehen sie mit der Veröffentlichung ans Licht, weil wir uns dem nachgelassenen Erbe des Amtsvorgängers und Historikers verpflichtet fühlen.

Die Evangelische Kirchengemeinde ist außerordentlich dankbar, daß die Historische Kommission zu Berlin bei den Überlegungen für eine angemessene Publikation behilflich war und nennt ausdrücklich Frau Dr. Iselin Gundermann und den Vorsitzenden, Herrn Prof. Dr. Wolfgang Ribbe. Das letztliche Verdienst jedoch gebührt dem Bibliotheksleiter i.R. und getreuen Forscher aus der Gemeinde, Herrn Leonhard Deppe. Ohne seine einfühlsame editorische Arbeit hätten die vielen Seiten Fraktur aus jenem alten Kirchenbuche nie das Licht der Öffentlichkeit erblickt.

Berlin-Wilmersdorf, im November 1999   Pfarrer Wolfgang Barthen

Inhalt

Zum Geleit	5
Einführung	9
Editorische Vorbemerkung	11
Ritters Einleitung zur Prediger-Chronik	13
Ritters Vorgänger im Pfarramt	15
Gabriel Engel	15
Gottfried Gerlach	15
Johann Christian Balde	17
Samuel Gottlieb Fuhrmann	19
Christoph Friedrich Henning	20
Joachim Friedrich Kutzbach	22
Christoph Gerhard Wilhelm Ritters Lebensbeschreibung	25
Meine Kinderjahre von 1773-1784	25
Meine Schülerjahre 1784-1793	28
Meine Studienjahre von 1793-1796	29
Meine Candidatenjahre von 1796-1805	31
Meine Predigerjahre von 1805-1846	38
Als Prediger auf der König[lichen] Charité 1805-1809	38
Als Prediger in Wilmersdorf 1809-1846	41
Nachwort Hermann Ritters	65
Literaturverzeichnis	67
Personenregister	69
Genealogische Skizze	73

Ausschnitt aus der Handschrift der Prediger-Chronik (p. 206) zum Jahre 1806.

Einführung

Anläßlich der Vorbereitungen zur 100-Jahr-Feier 1997 der Evangelischen Auenkirche Berlin-Wilmersdorf[1] fanden umfangreiche Arbeiten in deren Archiv statt. Dabei wurde die »Prediger-Chronik« von Christoph Gerhard Wilhelm Ritter wiederentdeckt, der von 1809 bis 1846 Pfarrer an der Dorfkirche zu Wilmersdorf war. Es ergab sich nunmehr der Wunsch, dieses wertvolle Manuskript in das Jubiläumsjahr mit einzubringen. Die Durchsicht des Materials machte jedoch bald deutlich, daß mehr Zeit dafür erforderlich war als angenommen. Anfang Oktober 1997 erhielt ich von Pfarrer Wolfgang Barthen die »Prediger-Chronik« mit der Bitte, das Manuskript in Maschinenschrift zu übertragen. Die vorliegenden Seiten sind das Ergebnis des Bemühens.

Durch Ritters Angaben zur Cholera-Epidemie in den Jahren 1831 und 1837 erhält seine »Chronik« u.a. auch stadtgeschichtliche Bedeutung. Damit dürfte die Dikussion um die im Frühjahr 1997 bei Tunnelarbeiten am Lehrter Bahnhof aufgefundenen Gebeine von ca. 500 Berlinern erneutes Interesse finden.[2]

Von der Dorfkirche sind neben alten Fotografien, die sich überwiegend im Wilmersdorf Archiv befinden, noch einige künstlerische Abbildungen erhalten z.B. eine anonyme Tuschzeichnung von 1797[3]; die Zeichnung Heinrich Wohlers[4]; ein gerahmtes farbiges Bild[5]; die Wilmersdorfer Kirche von 1772: 2 Ölbilder, Maler unbekannt, Original im Besitz der Evangelischen Auengemeinde, Wilmersdorf sowie eine Steinmetzarbeit von 1969[6]. Für die Gestaltung der Illustration auf dem Schutzumschlag wurde eines der anonymen Ölbilder verwendet.

Bei der Verifizierung einiger Personennamen haben dankeswerter Weise folgende Institutionen wertvolle Hilfe geleistet: Wilmersdorf Archiv, Consistorium der Französischen Kirche Berlin/Französischer Dom, Evangelische Medienzentrale Berlin, Evangelisches Zentralarchiv in Berlin, Gemeindezentrum Halle-Silberhöhe, Stadtarchiv Halberstadt und Stadtarchiv Quedlinburg.

---

1   *100 Jahre Ev[angelische] Auenkirche Berlin-Wilmersdorf 1897-1997*, hrsg. vom Gemeindekirchenrat der Evangelischen Auenkirchengemeinde Berlin-Wilmersdorf, Berlin-Johannesthal 1997.
2   *Die Welt*, vom 11.9.1997, sowie *Berliner Morgenpost*, vom 12.9.1997.
3   Hans-Jürgen Rach, *Die Dörfer in Berlin. Ein Handbuch der ehemaligen Landgemeinden im Stadtgebiet von Berlin*, hrsg. von der Akademie der Wissenschaften der DDR/Zentralinstitut für Geschichte, Berlin 1988, S. 370.
4   In: *Alte Berliner Dorfkirchen*, Berlin 1988, Nr. 5 vom 27.4.1834, S. 79.
5   Ölbild, signiert: Alfred Heida 1894, Original in der Sakristei der Auenkirche.
6   An einem Hausportal in Wilmersdorf, Hildegardstraße 4/5.

Zu besonderem Dank bin ich Herrn Pfarrer Wolfgang Barthen verpflichtet, der es auch materiell ermöglichte, die »Prediger-Chronik« in der »Kleinen Schriftenreihe der Historischen Kommission zu Berlin« erscheinen zu lassen.

Ich gebe das übertragene Manuskript Ritters aus der Hand mit dem Wunsch seines Sohnes, den er in seinem Nachwort niederschrieb: *Möge das Andenken an den theuren Verklärten unter den Berliner Gemeinden Wilmersdorf, Schmargendorf und Dahlem, in welchen derselbe so lange Jahre mit warmer Liebe und Lust segensreich gewirkt, nicht so bald verlöschen!*

Berlin, im November 1999   Leonhard Deppe

Editorische Vorbemerkung

Zum besseren Verständnis der Ausgabe seien kurz die Editionsprinzipien erläutert. Die Orthographie Ritters wurde beibehalten. Eckige Klammern [ ] im Text geben die Seitenfolge im Original an, die mit Seite 183 beginnt und mit Seite 243 endet. Eckige Klammern dienen aber auch zur Ergänzung z.B. bei Abkürzungen. Einen Einblick in den umfangreichen Personenkreis der Chronik (über 250 Namen) gibt das Register.

Die Handschrift Ritters ist stellenweise schwer lesbar. Das betrifft insbesondere einige Eigennamen. An solchen Stellen wurde ein Fragezeichen in eckigen Klammern gesetzt. Teilweise ist auch ihre Wiedergabe flüchtig: z.B. Fritz [Fritze], Guthsmuth [GutsMuths], Krahmer [Kramer] usw.

Der weitaus größte Teil der Namen konnte verifiziert werden. Als Hilfsmittel dienten u.a. Otto Fischers Standwerk »Evangelisches Pfarrerbuch«[1] und »Deutscher Biographischer Index«[2], sowie für seinen ab 1837 einsetzenden Nekrolog die »Vossische Zeitung«[3]. Es ist anzunehmen, daß Ritter die Vossische Zeitung regelmäßig gelesen hat, denn die dem Text beigefügten Zeitungsausschnitte stimmen typographisch und inhaltlich mit ihr überein. Bei der Verifizierung der Namen in Fischers »Pfarrerbuch« stellte sich heraus, daß Ritters »Chronik« an einigen Stellen zur Ergänzung herangezogen werden kann.

Über die Pfarrer Andreas Krüger (um 1543), Ambrosius Cappenius (-1631) und Lorenz Bernau (1632-1664) hat Ritter keine Aufzeichnungen finden können[4]. Nach der Erwähnung Gabriel Engels setzt seine Chronik mit Gottfried Gerlach (1665) ein.

---

1 Zitiert: *F.*
2 Zitiert: *DBI.*
3 Zitiert: *VZ.*
4 Vgl. Otto Fischer, *Evangelisches Pfarrerbuch für die Mark Brandenburg seit der Reformation*, Bd. 1, Berlin 1941, S. 42.

Ausschnitt aus der Handschrift der Prediger-Chronik (p. 211) zum Jahre 1813.

Ritters Einleitung zur Prediger-Chronik

[173] Ich feierte heute, am 13ten Junius 1833 durch Gottes Gnade, meinen sechzigsten Geburtstag!

Blicke ich zurück auf die vergangenen Jahre meines Lebens, erwäge ich die vielen unverdienten Wohltaten, die mir in denselben zu Theil wurden, überdenke ich meine Schicksale von dem zartesten Alter bis jetzt, zähle ich die vielen genossenen Freuden und dagegen die wenigen Leiden, die mir beschieden wurden, sehe ich auf meine gegenwärtige Lage, auf die Verhältnisse, in denen ich stehe, auf Gesundheit, Kräfte, Geistesstimmung etc., so muß ich gerührt ausrufen: Herr, ich bin viel zu geringe aller Barmherzigkeit und Treue, die du an deinem Knechte gethan hast! – Wie lange ich noch auf dieser Erde verweilen, ob ich noch öfter diesen 13. Jun[ius] erleben werde, oder ob der heutige der letzte für mich seyn wird – ich stehe in Deiner Hand, o Gott! Der du bisher alles wohl mit mir gemacht hast, wirst es auch ferner, wirst es ewig wohl mit mir machen, und wenn du mich zu dir rufst, will ich dir gern und freudig folgen.

Da dieser Ruf indeß vielleicht bald an mich ergehen könnte, so beginne ich heute, was schon längst meine Absicht war, nemlich einen kurzen Abriß meines Lebens für die hiesige Pfarre nieder zu schreiben und zwar in diesem älteren Kirchenbuche derselben, in welchem sich noch so viel leerer Raum befindet.

Ich habe schon oft den Wunsch gehabt, möchtest du doch deine früheren Vorfahren im hiesigen [174] Amte kennen, möchten sie doch etwas schriftliches irgendwo über ihr öffentliches und häusliches Leben, über ihre Schicksale, Leiden und Freuden, und namentlich über ihr amtliches Wirken hinterlassen haben! Das müßte nicht nur höchst anziehend, sondern gewiß auch in vieler Hinsicht belehrend, stärkend, ermunternd für dich seyn. Aber nichts fand ich davon vor. Wie gern liest man nicht solche biographischen Nachrichten von Geistlichen anderer Orte (S[iehe] z.B. den Anhang zu Lomlers[1], Sup[erintendent] zu Heldburg, Predigten auf alle Sonn- und Festtage des ganzen Jahres, über neu angeordnete evangel[ischen] Texte, Hildburghausen 1822, wo man kurze Nachrichten aus dem Leben der Superint[endenten], Diaconen, Rectoren und Collaboratoren zu Heldburg, der Pfarrer zu Lindenau und anderer Orte seit 1750 findet.) Mit welchem erhöhetem Interesse würde man nicht solche biographischen Nachrichten von seinen eigenen Vorgängern im Amte lesen! Würden in allen Parochien des Landes solche Biographien geschrieben und aufbewahrt, so könnten sie für die Nachwelt selbst Quellen zur Kirchengeschichte werden.

---

1 Friedrich Wilhelm Lomler (1774-1845); vgl. *Allgemeine deutsche Biographie*, Bd. 1-56, Leipzig 1875-1912 [künftig zitiert: *ADB*].

Was ich in den Acten des Amts Mühlenhof, in einigen hier und da in den Kirchenbüchern zerstreuten Notizen vorgefunden und aus glaubwürdigen mündlichen Nachrichten Bejahrter über meine Amtsvorfahren gesammelt habe, stelle ich denn hier zusammen und lasse dann einen Abriß meines eigenen Lebens folgen. Möchten meine Nachfolger im Amte meinem Beyspiele folgen und ihre Biographien der meinigen anschließen!

Kirche und Pfarrhaus in Wilmersdorf (um 1834).

Ritters Vorgänger im Pfarramt

[175] Die älteste Nachricht, welche ich von den zu Wilmersdorf gewesenen Predigern habe auffinden können, rührt aus dem Jahre 1600 her². In der Registratur des Amtes Mühlenhof liegt ein Actenstück, das wörtlich also lautet:

Extract Matricula de anno 1600 von jährlichen Einkünften des Pfarrern von Wilmerstorff

Collator unser gnädigster Herr. Possessor Herr Gabriel Engel. Hat ein Pfarrhaus, einen Garten dabey. Den Vier Zeiten Pfennigk. Item zwey Hufen, zwey Wiesen. Von jeder Hufe zwey Scheffel Mußkorn, halb Roggen, halb Gerste, thut in Summa 3½ Wispel³. Den dritten Theil vom Fleischzehendt, item den Flachs und Hanfzehnt, und von jeder Hufe 12 Bund Stroh, halb Roggen und halb Gersten. Daneben ein Wenig Hufschlag⁴, 12 gute Pfennige bey Leichen. 1 Sgr. vom Aufbieten und Trauen. Auch die Mahlzeiten.

Unter dem Possessor ist doch wohl kein anderer, als der damalige Inhaber der Pfarre zu verstehen, und so wäre denn danach der älteste noch bekannte Prediger in Wilmersdorf:

Gabriel Engel⁵. Wie lange er Prediger gewesen, welche Schicksale er gehabt, wie alt er geworden usw. Davon verlautet nichts. Sein Nachfolger, ob unmittelbarer ist nicht zu beweisen, war:

Gottfried [oder August] **Gerlach**⁶. Er wurde vom Kurfürst Friedrich Wilhelm⁷ zum Pfarrer in Wilmersdorf berufen, denn es findet sich [176] ein Rescript vom 13ten Februar 1665, in welchem den Beamten des Kurfürstlichen Amts Mühlenhof der Befehl ertheilt wird, der Introduction des vom Kurfürsten Friedrich Wilhelm zum Pfarrer zu W[ilmersdorf] und des Filials Lützow vocirten Gottfried Gerlach bey zu

---

2   Gleiches gilt für andere spätmittelalterliche urbarelle Aufzeichnungen wie die Schoßregister von 1450/51 und 1480/81. Vgl. dazu zusammenfassend Hans-Ulrich Kamke/Sigrid Stöckel, *Wilmersdorf* (= Geschichte der Berliner Verwaltungsbezirke, Bd. 11), Berlin 1989, S. 39ff. Bereits das Carolinische Landbuch von 1375 erwähnt die Wilmersdorfer Pfarrerausstattung. Vgl. Johannes Schultze (Hrsg.), *Das Landbuch der Mark Brandenburg von 1375*, Berlin 1940, S. 10.
3   Früheres norddeutsches Hohlmaß: in Preußen = 24 Scheffel = 13,19 hl.
4   [Anmerkung am rechten Rand:] *Was das wohl seyn mag?* – Hufe s. S. 22, Anm. 22.
5   Lebensdaten unbekannt, ca. 1600 P. in Berlin-Wilmersdorf., K. Kölln-Land I. Vgl. Otto Fischer, *Evangelisches Pfarrerbuch für die Mark Brandenburg seit der Reformation*, Bd. 1-2, Berlin 1941 [künftig zitiert: *F*].
6   Gottfried Gerlach, 1665-1713 P. in Berlin-Wilmersdorf K. Kölln-Land I, vgl. *F*.
7   Friedrich Wilhelm, der Große Kurfürst (1620-1688).

wohnen und dafür zu sorgen, daß das ihm gehörige Einkommen und Accidentiae zu rechter Zeit an ihn abgegeben werden.[8]

Gerlach war nicht verheiratet. Einst wollte ihn die Kurfürstin Charlotte[9] predigen hören. Da zwar in Lützow, aber noch keine Kirche in Charlottenburg war, so wurde er auf den Platz vor dem Schloß beschieden, wo er, im Kreise der Zuhörer, vor einer Trommel seine Predigt hielt, und dafür 10 Thaler erhielt, die ihm auf die Trommel gelegt wurden.

Daß G[erlach] noch im Jahre 1697 lebte, geht aus einem Schreiben vom 30sten September dieses Jahres hervor, durch welches Andreas Grunow, Sohn des Küsters zu Lichtenrade, seine Bestallung als Küster zu Wilmersdorf und Lützow erhielt. Es heißt darin: auf Vorstellung des Pfarrers Herrn August Gerlach, auf bittliches Ansuchen der Gemeine, auch beygebrachten guten Gezeuchnüsses von dem itzigen churfürst[lichen] Geh[eimen] Raths und Amthauptmanns der Ämter Mühlenhof und Mühlenbach, auf Einwilligung Ihrer churfürstlichen Durchlaucht der Churfürstin bestellten Oberhofmeisters, wegen des Filials Lützow etc.

1707 wurde der noch jetzt vorhandene silberne, innlig vergoldete Kelch, nebst Patäne der Kirche geschenkt (s. die Jahreszahl auf dem Kelch).[10]

Den 31sten März 1713 wurde auf des Königs Specialbefehl dem Hauptmann zum Möllenhof, Paul Anton von Kamken[11] (Grand maître von der Garde Robe, Cämmerer, General Adjutant und Obrister von der Grenadiergarde, Ritter [177] des schwarzen Adlerordens[12] und Propst zu Havelberg) aufgegeben, den Joh[ann] Christ[ian] Balden SS[anctissimae] Theol[ogiae] Stud[iosus] zur Probepredigt zu Wilmersdorf zu admittieren und sodann zu berichten. Es heißt in dem Rescript: wir haben an Euch unterm 18 Maji p[rope] a[nnum] Verordnung ergehen lassen, wegen des von dem alten abgelebten Prediger zu W[ilmersdorf] (das muß doch wohl Gerlach gewesen seyn) gebotenen Adjuncti Martin Rücker zur Probepredigt aufzustellen. Nachdem dieser aber anderweitige Beförderung erhalten haben soll, und erwähnter alter Prediger dannenhero J[ohann] Ch[ristian] Balden zu seinem Adjuncto vorgeschlagen, so etc. Auch heißt es: er soll sich zugleich bey dem Patrono in Dalem und Schmargendorf melden und um Vocation Ansuchung thun. (Lützow muß also schon von Wilmersdorf abgenommen worden seyn. Schmargendorf, früher S[anc]t. Mariendorf,

---

8 [176: Anmerkung am linken Rand oben] Auf ein Gesuch Gerlachs vom 24. Sept. 1708 wurde ihm statt des abgenommenen Filials Lützow, die Orte Dalem und S. zu Wilmersdorf auf immer zugelegt. Cuno Hans v. Wilmersdorf stellte ihn 1708 darüber die Vocation zu; doch verlangte er für sich und die Seinigen, in einem Schreiben an den König vom 17t Oct. 1708, daß das jus vocandi frey verbleibe. König Friedrich befahl unter 24 Sept. 1708 dem Consistorium dem Gerlach die Vocation zu confirmieren.
9 Sophie Charlotte (1668-1705), seit 1684 verehelicht mit Friedrich I. König in Preußen.
10 176: Anmerkung links unten.
11 Paul Anton Graf von Kamecke (1674-1717), Adjutant Friedrich I., Generalmajor, Oberhofmeister; vgl. *Deutscher Biographischer Index*, begr. von Willi Gorzny, 2., kumul. u. erw. Ausg., Bd. 1-8, München 1998 [künftig zitiert: *DBI*].
12 Schwarzer-Adler-Orden, der höchste Orden des Kgr. Preußen, gestiftet am 17.01.1701 von Friedrich I. Durch die Verleihung wurden Bürgerliche in den erblichen Adelsstand erhoben. Den Mitgliedern des Hauses Hohenzollern stand er durch Geburt zu.

hatte sonst ein eigenes Pfarrhaus nebst Pertinenzien, die noch vorhanden sind, Collatoren waren v[on] Wilmersdorf und v[on] Vorhauer. Dalem war eine besondere Pfarre und Spiehl werden als Collatoren nahmhaft gemacht.)

Herr Gerlach muß nach den oben gegebenen Nachrichten wenigstens 48 [Jahre] im Amte gestanden haben und ist wahrscheinlich im hohen Alter verstorben.
Ihm folgte

Johann Christian Balde[13]. Er hielt am S[onntag] Quasimodog[eniti] in Gegenwart der Beamten vom Amte Mühlenhof usw. über das Ev. Joh. 20 seine Probepredigt. Es heißt in dem Bericht darüber vom 24 April: Die Predigt war sehr wohl elaborirt und wurde mit penetranter und vernehmlicher Stimme, [178] auch guten äußerlichen gestibus vorgebracht. Nach geendigtem Gottesdienst ist die Gemeinde, wie sie mit seinen Gaben vergnüget, oder ob sie dawider etwas zu sagen, vernommen usw. Sie erklärte sich für zufrieden.[14]

---

13 Johann Christian Balde (†1759), 1713-1741 P. in Berlin-Wilmersdorf, 1741-1759 P. in Krenzlin, K. Ruppin; vgl. *F*.

14 [178: Anmerkung am linken Rand:] *Balde schreibt in einem alten Kirchenrechnungsbuche von Dalem unter dem 1 Jan. 1713 folgendes:* »Deren Nachkommen, sowohl Patronis als Pfarrherrn wird hierdurch kund und wissen gethan, daß in dem Gotteshause zu Dalem, woselbst an diesem ein St. Annen-Wallfahrt gewesen, über 30 und mehrere Jahre nicht gepredigt worden, weil das Dorf eine lange Zeit öde und wüste gestanden, so gar, daß auch kein einziger Mensch darinnen gewohnt. Da nun der jetzige Patrons Tit[ulirt] H[err] Cuno Hans von Willmersdorf Sr. Königl. Majestät in Preußen wohlbestalter Landrath des Teltower Kreises das Gut ex consensu Creditorum verhandelt, so hat er gleich Sorge getragen, die so sehr ruinierte Kirche wiederum repariren zu lassen, wozu er aus seinen Mitteln vieles angewendet, indem weder Kirchenrechnung noch Barschaft von ihm vorgefunden worden. Es ist zwar nach der Zeit jährlich keine ordentliche Kirchenanhörung gehalten worden, weil die beyden Dörfer Dalem und S. nur selten und oft weniges Zeit einen eigenen Prediger gehabt, [179] und bald von diesem bald von jenem Prediger, die meiste Zeit aber von dem Wilmersdorfschen Pfarrherrn Gottfr. Gerlach instruirt worden. Demungeachtet, ob man schon keine ordentliche Kirchen K[asse] geführt und ein gewisses Buch dafür gehalten, darinnen alles wäre versichert worden, so ist doch der Kirche kein Unrecht geschehen, sondern man hat alles, was vom Kirchenacker und aus dem Klingelbeutel eingekommen, zum Bau der Kirche treulich verwendet, überdieß noch 16 Thaler 20 Gr. zu letzten reparation des Kirchenhauses vorgeschossen. Sobald der jetzige Patron Joh. Christ. Balde sein Amt angetreten und Erinnerung gethan, daß Kirchen K[asse] möchte gehalten und Kirchen-Vorsteher erwählt werden, ist man sofort darauf bedacht gewesen, hat ein Buch angekauft, um drin die Einnahmen und Ausgaben zu verzeichnen, ein Lädchen zum Gelde machen lassen mit 3 Schlössern und 2 Kirchen-Vorsteher erwählt (Tasche und Schmadike). Beyde von den Posten jeder einen Schlüssel. – Dalem den 1 Jan. 1713. (Von demselben Jahr an, wurde auch für Schmargendorf in einem besonderen Buch die K[irchen] K[asse] geführt.) – [180] In einem alten Kirchenrrechnungsbuche meldet Pred. F. folgendes: Nachdem durch die feindliche Invasion [russischer Truppen in Berlin] im October 1760 die Kirche zu Schmargendorf nicht nur um ihren ganzen Bestand von 72 Thalern, 4 Groschen, 5 Pfennig und 224 Stück alter Pfennige gekommen, indem die Feinde von dem auf dem adlichen Hofe zu Dalem vorweislich aufbewahrten Kirchenkasten erbrochen und das Geld heraus genommen, sondern auch die zinnerne Kirchenflasche, nebst 2 Altardecken von dem Feinde, theils aus der Kirche, theils aus des Kirchenvorstehers Behausung mit weggenommen sind, sofort solches auf Verlangen des Kirchen Patronis in das [181] Kirchen Rechnungsbuch annotirt werden müsse. Zeugen bey dem, was von den Feinden auf dem adlichen Hofe bey Eroberung des Kirchenkastens vorgegangen ist, und daß die Feinde alle Barschaften noch sich genommen, sind der Krüger Batz, der Wein(?)meister Rau und der Kossäth Baerend, so darüber vernommen worden sind. Hierauf wurde

B[alde] war zweymal verheirathet. Da die zweyte Frau nicht für das Landleben geschaffen war [und sich viel in Berlin aufhielt,] so mußte er sich selbst der wirtschaftlichen Geschäfte sehr annehmen; er soll also den Brotteig geknetet, auch die Ställe ausgemistet haben. Seine Familie war stark, er hatte wenigstens sechs Kinder.

Er erlebte den 22sten Mai 1735 das Unglück, daß das Pfarrhaus bis auf den Grund abbrandte, wie er das selbst auf dem Innern der Decke des hiesigen ältesten in grün Leder gebundenen Kirchenbuchs bemerkt hat, mit Hinzufügung des guten Wunsches: Gott bewahre dieses Haus vor dergleichen Unglück jetzt und hinführo in Gnaden!

Durch diesen Brand gänzlich verarmt und mißmüthig, sehnte er sich nach einer andern Stelle. Er hatte einen Sohn auf der Schule zu Brandenburg, welchen er gern studiren lassen wollte. Durch den Brand aller Mittel beraubt, beschließt er ein anderes. Als er zu Fuß nach Brandenburg wandert, um den Sohn zu holen, begegnet ihm Friedrich Wilhelm. Er läßt still halten und frägt den Bekümmerten, wer er sey und wohin er gedenke. Balde erzählt sein Unglück und den Zweck der Reise und daß sein Sohn nun ein Handwerk oder dergl. erlernen solle. Der König befiehlt ihm, den Sohn ferner auf der Schule zu lassen und verspricht ihm, dem Vater, eine andere [179] und bessere Pfarre zu geben, die er auch erhielt. Er kam nach Krentzlin, einem unicum im Rupinischen Kreise. Unter dem 12ten Aug[ust] 1740 erhielt der Propst und Consistorial Rath Reinbeck[15] und der Amtsrath Schwechten von König Friedrich den Befehl: weilen durch Translocierung des bisherigen Predigers Balden zu W[ilmersdorf] nach Krentzlin, die Pfarrstelle daselbst vacant worden, die beyden Candidaten Peters und Fuhrmann zur Probepredigt aufzustellen, die Gemeinde, wie sie mit deren Personen, Gaben, Lehre, Leben und Wandel vergnüget, zu vernehmen etc. und zu berichten, sie auch ratione derer Filiale S[chmargendorf] und D[alem] an den von Wilmersdorff qua patronum zu verweisen.

Noch vor diesem Schreiben vom 12ten Aug[ust] hatte sich unterm 25ten Jul. 1740 der Vater des Candidaten Fuhrmann, mit der Bitte an den König gewandt, seinem Sohn die vacante Stelle zu conferiren, damit dieser ihm, der 46 Jahre lang bey den ref[ormierten] und luther[ischen] Gemeinden auf der Dorotheenstadt und Friedrichswerder in Kirchen und Schulen als cantor gedienet, jetzt 71 Jahre alt und pro emerito erklärt sey und nur 100 Thaler ad dies vitae habe, succuriren und unter die Arme greifen könne. Propst Reinbeck wollte beyde Candidaten an einem Tage hinter einander predigen lassen und Amtsrath Schwechten lud den Herrn von Wilmersdorf dazu nach Wilmersdorf ein. Dieser aber erklärte, daß er es gern sähe, wenn es beym Alten bliebe und die Candidaten sich auch in S[chmargendorf] und D[alem] hören ließen. Ob dies geschehen, besagen die Acten nicht.

---

die Rechnung neu angefangen. Die Kirche zu Dalem verlohr bey dieser feindlichen Invasion 69 Thaler, 8 Groschen, 2 Pfennig und 301 Stück alte Pfennige; desgleichen einen silbernen Kelch und dergleichen Patäne, nebst einem blautaftierten Altartuch.«

15 Johann Gustav Reinbeck (1683-1741), Univ. Halle, 1709 Hilfspred. an Friedrichswerder u. Dorotheenst. in Berlin, 1713 2. luth. P. ebd., 1714 1. luth. P. ebd. 1717 Propst an Petri ebd., K. Kölln-Stadt, 1721-1741 zugl. Kons.-Rat; vgl. F.

[180] Beyde Candidaten predigten den 9ten October 1740 in loco, wobey nomine des Propstes Reinbeck, der Inspector Kampff zugegen war. Von dem Herrn Fuhrmann wird gesagt, daß er das Evangelium, als den vorgeschriebenen Text, besser und genauer applicirt, als der Peters, mithin erscheine, daß derselbe ein geschickterer Mensch sey und vollkommenere Gaben zum Predigtamt besitze, als dieser, obgleich Peters auch eine erbauliche Predigt gehalten habe und verdiene andern Orts placiert zu werden, dennoch sey der Fuhrmann dem Peters zu präferiren. Die Gemeinden erklärten, daß sie an keinem von beyden etwas auszusetzen hätten, daß sie aber lieber den Peters haben wollten, weil er ihnen von dem Herrn von Wilmersdorf recommandirt sey. Indeß erhielt der Cand[idat] Fuhrmann die Stelle.

Samuel Gottlieb Fuhrmann[16]. Er erhielt unter dem 21sten Dezember 1740 die Königl[iche] Vocation für Wilmersdorf. Unter dem 20 Januar 1741 hielt der Amtsrath Schwechten beym Staats- und Kriegsminister von Brand um die Introduction des F[uhrmann] an, da der Herr von Wilmerdorf schriftlich und mündlich erklärt habe, daß er gegen denselben nichts einzuwenden habe. Derselbe könne sich auch der Introduction des Vocirten nicht widersetzen, da er nur tertiam partem zum Kirchenbau beytrage.

Den 7ten März 1741 bittet Schwechten den König, dem H[errn] v[on] W[ilmersdorf] anzubefehlen, sich innerhalb acht Tagen zu erklären, ob er den Fuhrmann zum Prediger haben wolle, oder ob er für seine Dörfer einen eigenen Prediger verlange, im Fall der Nichterklärung sein Stillschweigen für Zustimmung gelten möge.

[181] Am 9ten April 1741 wurde F[uhrmann] von dem Inspector Kampff nomine Reinbecks und von Schwechten unter Beystand der Prediger Stolz und Diesemann[17] in Wilmersdorf introducirt. Doch scheinen noch Unruhen obwaltet zu haben, denn es heißt in einem Rescripte der Kriegs- und Domainenkammer vom 5ten Julius 1741: Dem Amtsrath Schwechten wird auf seinen Bericht, betreffend die Gemeine zu W[ilmersdorf] wider den zu dortigen Pfarre berufenen Candidaten F[uhrmann] eingegebene Beschwerde, hiermit zur Resolution ertheilt: daß, weil der Terminus zum Verhör in dieser Sache schon gewesen, Referent annoch zu berichten habe, wie in der Sache beym Consistorium erkannt worden.

Am 21 September 1741 wurde F[uhrmann] mit J[un]gfer Charlotte Sanno[w], Tochter des Pred[iger] Samuel Sanno[w] zu Hammelspring, vom Inspector Kampff getrauet.

Am 24 p.Trin. 1741 predigte er zum ersten Male auf den Filialen und am 1 Januar 1742 erhielt er die Vocation für diese Dörfer. Den 2ten p[ost] Epiph[anias] wurde er unter den Beystand des Pred[igers] Woltersdorf[18] von Insp[ector] Kampff in Dalem introducirt.

F[uhrmann] reichte eine Specification der vorgeschossenen Expeditionskosten bey Besetzung der Pfarre ein. 1. für das Rescript zur Probepredigt an Reinbeck und

---
16 Samuel Gottlieb Fuhrmann (1714-1769), P. in Berlin-Wilmersdorf 1742-1769; F.
17 Johann August Diesemann, Univ. Halle, 1732-1741 P. in Berlin-Schöneberg, K. Friedrichswerder II; F.
18 Gabriel Lukas Woltersdorf (1687-1762), Univ. Halle, 1716 P. in Berlin-Friedrichsfelde, K. Berlin-Land I, 1735, 2. P. an St.Georg, K. Berlin-Stadt I, emerit. 1754; F.

Schwechten 1 Thaler, 7 Groschen 2. Für ein zweytes Rescript 16 Groschen 3. Für die Vocation 3 Thaler 7 Groschen 4. für die Ordination 12 Thaler, 4 Groschen 5. für die Confirmation 6 Thaler, 14 Groschen, - in Summa 24 Reichsthaler. - Dalem und Schmargendorf entrichteten sogleich tertiam partem. Auf wiederholte Klage des Predigers, daß von Seiten Wilmersdorfs nach Jahr und Tag nicht gezahlt sey, welches er doch de jure fordern könne, wurde das Geld (14 Thaler, 8 Groschen) per executionem beygetrieben.

[182] 1747 verklagte F[uhrmann] alle drey Gemeinden, weil sie ihm die Kosten für ein Hof- und Wagenscheuer, das er hatte bauen lassen und wozu ihm das Holz vom König gegeben worden war, nicht ersetzten, und auch den Zaun um den Pfarrhof nicht ausbessern wollten; sie wurden dazu angehalten.

F[uhrmann] war in Berlin auf Schulen gewesen, hatte in Halle studirt und war 25 Jahre alt, als er ins Amt trat. Er hatte 9 Kinder, von denen nur 7 heranwuchsen. Otto, starb als Senator in Frankf[urt] a.d.O., Meinhard als Chirurgus im einjährigen Kriege; Johanne Theodore, die älteste Tochter, verheirathete sich an den Pred[iger] Henning, Nachfolger des Vaters.

F[uhrmann] erlebte den ganzen siebenjährigen Krieg und die mannigfaltigen Drangsale desselben. Er sah Österreicher und Russen und wurde 1760 ausgeplündert.

Im Jahr 1766, den 22sten Junius, Nachts 12 Uhr, brach, kurz vor der Ärndte Feuer im Dorfe aus, welches die ganze südliche Seite des Dorfs, am See entlang, alle Gebäude, auch Kirche und Pfarre verzehrte, 2 kleine Tagelöhnerhäuser und das Haus des Banquier Friebe ausgenommen. F[uhrmann] büßte bey diesem Brande fast alles ein. Er hatte sich beym Retten des Seinigen so angestrengt, daß er von der Zeit kränklich, oft ganz geistesabwesend war. Man vermuthete einen inneren Schaden, Gewächs oder d[er]gl[eichen]. Er starb bald darauf, den 13ten April 1769, nach 28jähriger Amtsführung, 55 Jahr und 5 Wochen alt. Am 18ten April hielt sein Freund und Beichtvater der Pred[iger] Erdmann[19] zu Charlottenburg über den von ihm selbst gewählten Text Ps[alm] 73,23.24 die Standrede. Seine Leiche wurde in der Kirche vor dem Altar beerdigt.

[183] Seine Frau, geb[orene] Sanno[w], überlebte ihn noch 20 Jahr; sie starb den 15ten September 1789 73 Jahre alt als Wittwe. Die Standrede wurde über Röm[er] 5,3-5 gehalten.

Christoph Friedrich Henning, ist geboren zu Berlin den 10ten December 1730. Sein Vater Johann Martin war Bürger und Schneidermeister; er besuchte die Schule zu Berlin und ging schon im 16. Jahr seines Alters zur Universität nach Halle ab, woselbst er 3 Jahr studirte. Bey seiner Rückkehr in die Vaterstadt beschäftigte er sich mehrere Jahre hindurch mit Privatunterricht. Danach wurde er Präceptor vom Friedrichswaisenhauses, an dem er sieben Jahre stand.

---

19 Johann Christoph Erdmann (1719-1773), Univ. Halle, 1745 P. in Wandsdorf, K. Nauen, 1751-1773 P. in Bln.-Charlottenburg; F.

Christoph Friedrich Henning

Am 20ten April 1769 erging der Befehl, den Präceptor des Berliner großen Friedrichs Waisenhauses Candidat Chr[istoph] Friedr[ich] H[enning] zur Probe in Wilmersdorf predigen zu lassen. Propst Teller[20] bestimmte dazu den 5ten S[onntag] p[ost] Trin[inatis], gab den Text Joh[annes] 4,24 und versichert im Protokoll, daß es der Predigt weder an Ordnung und Gründlichkeit, noch auch an Erbaulichkeit gefehlt habe; die Gemeinden waren vollkommen zufrieden, doch behielt sie sich das Recht vor, in Zukunft zwischen mehreren Subjecten, wie bisher, wählen zu dürfen.

Am S[onntag] Quasimodogeniti 1770 wurde Henning vom Propst Teller, unter Beystand des Predigers Erdmann zu Charlottenburg, erst den Gemeinen zu Dalem und Schmargendorf, und dann auch in Wilmersdorf als Pastor ordinarius vorgestellt und introducirt. Sein Amtsantritt fällt also in April 1770. In demselben Jahre, am 15ten Mai verheirathete er sich mit Johanne Theodore Fuhrmann, ältester [184] Tochter[21], seines Vorgängers im Amte und zeugte mit ihr acht Kinder, wovon noch jetzt (1833) viere am Leben sind, nemlich 1. Catharine Friederike Theodore, unverheirathet. 2. Cuno Leopold Friedrich, Förster beim Baron von Eckartstein, jetzt für sich lebend und angekauft in Freienwalde. 3. Carl Christian Friedrich, Ökonom, unverh. und 4. Johanne Henriette, unverheirathet, jetzt in Berlin. Der älteste Sohn Friedrich, war Kaufmann in Berlin, starb vor einem Jahre und hinterließ eine Wittwe und 3 Kinder Carl, Pauline und Ludwig.

Henning starb am 17ten Julius 1789 am Schlagfluß sehr schnell, nachdem er an Krämpfen viel gelitten hatte. Er war faßt 59 Jahre alt geworden und faßt 20 Jahre im Amte gewesen. Er wurde mit einer Standrede auf dem Kirchhofe begraben und nahm den Ruhm eines sehr brauchbaren und gottseligen Mannes mit ins Grab. Seine Wittwe überlebte ihn noch um 35 Jahre. Sie starb am 24st Januar 1824, 81 Jahr 7 Monate alt und ich (Ritter) hielt ihr die Leichenpredigt über Phil[ipper] 1,21. Sie liegt an der Seite ihres Mannes, dicht vor der südlichen Thür der Kirche begraben. Sie war eine alte sehr würdige, achtungswerthe Frau.

Nach dem Tode des Pred[igers] H[enning] machte der Kriegsrath Sturm vom Amte Mühlenhof am 7ten Aug. 1789 den Antrag, die Wilmersdorfer Pfarrstelle mit der zu Schöneberg zu vereinigen, weil dieses so wohl dem königl[ichen]. Interessen gemäß sey, als auch der Gemeinde zu W. sehr zum Vortheil gereichen würde. Wenn

---

20 Wilhelm Abraham Teller (1734-1804), 1768-1804 Propst an Petri in Berlin, K. Köln-Land; F.
21 [184: Ergänzung am linken Seitenrand oben] *(s. ihre Geburtsjahre in den Kirchenbüchern) Er hatte Streit mit Cuno v. Wilmersdorf wegen eines Pfarrgartens in S. Letzterer behauptete, daß in der Matrikel von 1600 keiner verwüstet werde, daß er nur wüste, daß jure stante tractu temporis auf ein höheres Quantum als sie die Matrikel bestimmt, so gestiegen seien und dem M[atrikel] denegirt werden solle. (den 11. April 1769). Der Prediger Fuhrmann hatte von dem Patron für Garten und Haus zu S. ein für allemal für die Lebenszeit 50 Thaler bekommen, – der Anspruch und das ehemalige Pfarrhaus in S. fällt darum weg, weil die Filiale zertiam partem zu den Pfarrbauten zu Wilmersdorf leiste.*

die beyden Lastfreien Hufen[22], nebst Pfarrgebäude und Erbpacht[23] ausgethan würden, der Pächter die Gebäude zu erhalten hätte, so würde die Gemeinde, die arm frey und nur aus 8 Bauern, 2 Kossäthen[24] und 6 Büdnern[25] bestehe, künftig von den kostbaren [185] Reparaturen der Pfarre (jetzt gerade sey dazu ein Anschlag von 250 Thaler, 16 Groschen, 7 Pfennig gemacht) befreit, nur für das Pfarrhaus zu Schöneberg, das maßiv sey, wenig beizutrügen haben, als daselbst 16 Bauern und 7 Kossäthen in dem dazu gehörigen Lankwitz aber 8 Bauern und 1 Kossäth wären. Dalem und Schmargendorf müßten es sich als vagantes, gefallen lassen, auch habe schon der Herr von Wilmersdorf dadurch seine Dörfer gewissermaßen von Wilmersdorf getrennt, weil er den Schullehrer Busack nicht, wie dessen Vorgänger, zum Küster angenommen, sondern einen eigenen bestellt habe usw. Während der Kriegsrath Sturm diese Vorschläge bey Raumer im Consistorium machte, bekam er ein Rescript des geistl[ichen] Ministerii, unterzeichnet von Wöllner, daß derselbe dem Prediger und Rector Kutzbach zu Kremmen die Pfarrstelle zu W[ilmersdorf] zu ertheilen Willens sey.

Joachim Friedrich Kutzbach war geb[oren] zu Nauen, wo sein Vater Arzt und Apotheker war. Er war 11 Jahre hindurch Rector und Nachmittagsprediger zu Kremmen geworden, als er zur Pfarrstelle zu W[ilmersdorf] berufen wurde. Er hielt den 11ten October 1789 seine Gastpredigt. Die Gemeinde war mit seiner Predigt und Person zufrieden, bat aber, aus den angeführten Gründen, um Vereinigung mit Schöneberg; im Fall abschläglicher Antwort aber, daß ihr der König 300 Thaler zur Instandsetzung des Pfarrhauses aus königl[icher] Kasse vorreißen möchte. Ob auf letztere Bitte Rücksicht genommen, geht aus den Acten nicht hervor; die erstere ward verworfen, denn unter dem 10ten December 1789 erschien der Befehl des geistl[ichen] Departements zur Einführung des Herrn Kutzbach und 1790 trat er das Amt an.

[186] Prediger K[utzbach] war, wie aus allen Nachrichten hervorgeht, ein vorzüglicher, besonders philosophischer Kopf; er besaß viel gelehrte, auch ökonomische Kenntnisse. Diese letzteren zeigte er insbesondere bey Vererbpachtung der Äcker bey

---

22 Hufe: Bäuerliche Betriebs- und Wirtschaftseinheit mit Anteil an der Allmende. In Brandenburg umfaßte eine Bauernstelle ursprünglich zwischen zwei und vier Hufen (östlich der Oder auch mehr). Unter Berücksichtigung der unterschiedlichen Ackerbonität ergaben sich im Berliner Raum Hufengrößen zwischen 7 und 13½ Hektar. Später verstand man unter einer Hufe zumeist 30 (magdeburgische) Morgen, also eine Fläche von 76 696,75 m^2 = 7,66 Hektar. Vgl. auch Hans-Jürgen Rach, *Die Dörfer in Berlin. Ein Handbuch der ehemaligen Landgemeinden im Stadtgebiet von Berlin*, hrsg. von der Akademie der Wissenschaften der DDR/Zentralinstitut für Geschichte, Berlin 1988, S. 381.
23 Der Erbpächter hatte jährlich einen Erbzins in Geld oder Naturalien an den Gutsherrn zu entrichten (1850 in Preußen aufgehoben).
24 Abzuleiten von mnddt. *Kotsete* (Kotsasse), ursprünglich ein Hintersasse auf einem Bauerngut ohne Anteil an der Allmende und ohne Spannvieh. Von neu gerodetem Land konnten Kossäten auch Hufenschläge erwerben, die aber in der Regel nicht allmendefähig waren. Vgl. auch Rach, *Die Dörfer in Berlin*, S. 381.
25 Abzuleiten von *Bude*, Dorfbewohner, der zwar ein eigenes kleines Haus, aber kein Ackerland besaß, ähnlich »Häusler«.

Dalem und Schmargendorf und des so lästigen Naturalgehalts, den die Pfarrer bisher in Person für sich sammeln und zusammenbringen mußten. Durch diese Vererbpachtung, die im Jahr 1802 mit dem damaligen Besitzer der Filiale, dem Grafen von Podewills zu Stande kam, hat er sich große Verdienste um die Verbesserung hiesiger Pfarrstelle erworben, welche alle seine Nachfolger nicht dankbar genug anerkennen können. Die bey W[ilmersdorf] liegenden Pfarräcker bewirthschaftete er einige Jahre hindurch selbst; als er aber dabey seine Rechnung nicht fand, that er sie in Zeitpacht aus. Die Pfarre wird sehr verbessert werden, wenn auf diese Äcker, nach erfolgter Separation[26], in Erbpacht gegeben werden könne, wozu aber jetzt noch keine Aussicht ist.

Kutzbach war zweymal verheirathet. Die erste Frau war eine gebohrene Hübner, mit der er 3 Kinder erzeugte. ...[27] der älteste Sohn, erlernte nach des Vaters Tode die Sattlerprofession; Wilhelmine verheirathete sich an einen Walkmüller bey Brandenburg. Heinrich Emil[28], geb[oren] 1798, erlernte die Seidenwarenhandlung, studirte aber dann noch Theologie. Mit der zweyten Frau, einer gebohrenen Balok, die eine vortreffliche Mutter, Hausfrau und Landwirthin war, erzeugte er keine Kinder; sie lebte mehrere Jahre als Wittwe in W[ilmersdorf] und starb in Löwenbruch.

Kutzbach erlebte 1806 den Anfang des französischen Krieges. Voll hoher Meinung von dem Edelmuthe der franz[ösischen] Nation und ihres Kaisers Napoleon und voller Vertrauen auf seine Kenntniß der franz[ösischen] Sprache, ging er dem sich dem Dorfe nähernden Feinde (eines Theils [187] des Davoutschen[29] Corps) entgegen, um ihn anzureden und sich und seine Gemeinde dem Großmuth desselben zu empfehlen. Allein er wurde schlecht empfangen. Die wilde Horde plünderte nicht nur sein Haus, aus welchem er nichts in Sicherheit gebracht hatte, sondern mißhandelte auch ihn und die Seinigen körperlich, so daß er endlich mit ihnen die Flucht ergreifen mußte. Bey dieser Plünderung der Pfarre wurden alle seine Bücher zerrissen und zerstreut, auch die Pfarracten gingen verloren, so daß auf den Nachfolger, außer den 5 Kirchenbüchern, nur wenige, größtentheils wertlose Papiere gelangt sind.

Kutzbach starb den 15ten December 1807 am Schleimfieber, 57 Jahre alt, und wurde am 17ten ej[usdem mensis] beerdigt. Die Bemerkung über den Verstorbenen,

---

26 Separation: Zusammenlegung der einzelnen Grundstücke eines Besitzers (allgem. seit 1815). Obwohl sie als wirtschaftl. Fortschritt anzusehen ist, trug sie jedoch zur Verarmung der unteren bäuerlichen Schichten bei, die Mangels an Boden keine Eigenwirtschaft mehr betreiben konnten.
27 Name unbekannt.
28 [186: linker Seitenrand unten:] *starb 44 Jahre alt, als Candidat der Theologie, den 23sten März 1843, im Kruge, auf einem Strohlager als Vagabund, in der größten Armuth, am Schlagfluß, durch den Trunk veranlaßt. Er besaß viele Kenntnisse und hätte als Prediger versorgt werden können, wenn er zum Laster nicht ergeben gewesen wäre. Es war sehr Schade um ihn.*
29 Louis Nicolas Davoust, d'Avout (1770-1823), Herzog von Auerstaedt, Fürst von Eckmühl, einer der fähigsten aber auch rücksichtslosesten Generale Napoleons I., Marschall seit 1804, schlug die Preußen bei Auerstaedt, Eggmühl und Wagram, besetzte Hamburg 1813.

Die Wilmersdorfer Kirche 1797.
Steinmetzarbeit an einem Hausportal in Wilmersdorf, Hildegardstraße 4/5.

am Schlusse der Gebohrenen von 1806, hätte der sel[ige] Oberprediger Dressel[30] zu Charlottenburg wohl unterdrücken können, wenn er auch einigen Grund, sie niederzuschreiben, gehabt haben sollte. De mortuis nil nisi bene!

---

30 Johann Christian Gottfried Dressel (1751-1824), 1778-1824 P. in Berlin-Charlottenburg, K. - Friedrichswerder II; F.
Die Bemerkung lautet: Ist die Summe der getauften Kinder nicht Sieben, sondern 11. – Nach dem Subscripte des Taufregisters so unordentl[ich] geführt. Während der Vacanz gefunden, so hat er durch den Küster das ergänzt und die Getauften eingetragen. Der verstorbene Prediger Kutzbach war in den letzten Jahren seiner Amtsführung sehr zerstreut. J.C.G. Dressel, Oberprediger zu Charlottenburg.

Christoph Gerhard Wilhelm Ritters Lebensbeschreibung

Ich beginne denn jetzt meine eigene Lebensbeschreibung zu entwerfen. Sollte manches gar zu Kleinliche und Unbedeutende mit unterlaufen, so bitte ich den, der dies vielleicht einst lesen möchte, mich deshalb zu entschuldigen. Es ist so angenehm, sich sicherer Zeiten zu erinnern und sehr leicht möglich, daß man beym flüchtigen Niederschreiben solcher Erinnerungen, den eigentlichen Zweck, warum man schreibt, aus den Augen verliehrt und geschwätziger wird, als es nöthig wäre. Ich fühle im Voraus, daß das auch mir begegnen könnte, doch es ist jetzt mein Vorsatz, mich so kurz zu fassen, als möglich.

[188] **Christoph Gerhard Wilhelm Ritter.** Mein Leben läßt sich, wie vielleicht mit den Meisten meines Standes der Fall sein möchte, in 5 Abschnitte zerlegen; ich könnte es die fünf Stationen meiner Lebensreise nennen. Es sind folgende: 1., meine Kinderjahre; 2., meine Schülerjahre; 3., meine Studentenjahre; 4., meine Candidaten- und endlich 5., meine Predigerjahre.

Meine Kinderjahre von 1773-1784

Ich bin gebohren zu Quedlinburg den 13ten Junius 1773. Mein Vater, Friedrich Wilhelm Ritter (geb[oren] 1747) war Doctor der Medizin und Leibarzt, sowohl der damaligen Abbatissin [Äbtissin] des ehemal[igen] kaiserl[ichen] weltl[ichen] Stifts Quedlinburg, der Prinzeß Anna Amalia[31], Schwester Friedrich des Großen, als auch der damaligen Pröpstin Charlotte[32], Herzogin von Schleswig=Holstein. Meine Mutter war Dorothee Elisabeth, geb[orene] Messow. Beyde waren aus Calbe an der Saale gebürtig.

Mich über die Tugenden dieser meiner innig verehrten und heiß geliebten Ältern weitläufig auszulassen, würde hier der Ort nicht seyn; doch sey es mir erlaubt, einige Druckschriften anzuführen, aus welchen hervorgeht, wie sehr ihr Werth von ihren Zeitgenossen sowohl als auch von der Nachwelt anerkannt worden ist. Über meinen

---

31 Anna Amalia (1723-1787), Prinzessin von Preußen, seit 1755 Äbtissin von Quedlinburg. Ihre gleichnamige [Vornamen] Nichte, Herzogin von Sachsen-Weimar (1739-1807) begründete Weimar als Metropole der Kunst und Wissenschaft, berief Christoph Martin Wieland 1772 zum Erzieher ihrer beiden Söhne, förderte Johann Wolfgang von Goethe.

32 Johann Heinrich Fritsch, *Geschichte des vormaligen Reichsstifts der Stadt Quedlinburg*, T. 1, Quedlinburg 1828, S. 53: *Die Pröbstin Charlotte aus dem Hause Schleswig Holstein Beck, hat seit dem 1. Nov. 1740, als Kanonistin, seit dem 22. May 1755 als Dechantin, und seit dem 12. November 1764 als Pröbstin dem hiesigen Kapitel mit vielem Ruhm vorgestanden.*

33 *Journal von und für Deutschland* 1-9 (1784-1792).

Vater siehe 1., das Journal von und für Deutschland³³, Junistück 1784, p[agina] 610, wo sein Leben und seine Verdienste characterisirt werden und sein Tod angezeigt wird. 2., Fröbings³⁴ Bibliothek fürs Volk 3ter Band. 3., Zeitgenossen, [ein] biograph. Magazin von Hasse 4ter B[and], 5tes Heft, p[agina] 84. – Über meine Mutter s[iehe] 1., Einige Blumen um den Aschekrug der ... Messow, die Zierde und Mutter ihres Geschlechts war. Allen guten Gattinnen und Müttern gewidmet [189] vom Prior und Pastor Hoogen zu Wegberg (S[iehe] Allg[emeine] d[eutsche] Bibl[iothek]³⁵ 59. B[and], 2. Stück., Allgem[eine] Leipz[iger] Literaturzeitung 1801, no. 307, p[agina] 290.) 2., eine vollständige Biographie in Schlichtegrolls Nekrolog³⁶, Jahrgang XI, B[and] II, p[agina] 230-253. 3., Nationalzeitung der Deutschen, Jahrgang 1800, p[agina] 652ff., 4., Tage[buch]blätter unserer Reise in den Harz, von Horstig³⁷, 1803 p[agina] 5., Die Lehren der Religion, erläutert durch Beispiele aus der Bibel, aus der Weltgeschichte und dem pract[ischen] Leben usw. von Haupt³⁸, unter dem Artikel Bescheidenheit p[agina] 222 in 1ten Bande und unter dem Artikel Stiefältern im 4ten B[and], p[agina] 461. 6., Glatz³⁹, Malvina⁴⁰ usw.

Ich war das erste Kind meiner Ältern. Meine noch jetzt lebenden Geschwister sind: 1., Johannes R[itter] früher Geschäftsführer der Nikolaischen Buchhandlung in Berlin, jetzt als Privatmann in Charlottenburg lebend. 2., Carl R[itter] jetzt Professor an der Universität und an der Kriegsschule zu Berlin, Mitglied der Akademie der Wissenschaften und anderer gelehrter Gesellschaften, Verfasser der Erdkunde und vieler andern geographischen und histor[ischen] Schriften. 3., Charlotte [Ritter], Wittwe des früher in Preußen als Landrath gestandenen, zuletzt als Ober-Amtmann im hannöverischen zu Dannenberg verstorbenen Kramer, lebt jetzt auch in Charlottenburg. 4., Alberth R[itter] steht seit vielen Jahren auf dem Comptoir des Baron v. Rothschild in Frankfurt am M.

Meine erste Erziehung besorgten meine geliebten Ältern selbst, nach den verantwortlichsten Grundsätzen und vorleuchtend durch ihr eigenes Beispiel der Tugend und Frömmigkeit. Ich besuchte als Kind die untersten Klassen des Gymnasii zu Quedlinburg, unter Stroth und Meinecke, und trat zum öftern bey den öffentlichen Redeübungen in sogenannten Gesprächen auf. Ich sehe mich noch mit gepuderten Lok-

---

34 Johann Christoph Fröbing, *Kalender fürs Volk (oder Beyträge zu einer Bibliothek fürs Volk)*, Hannover 1783-1790.
35 *Allgemeine Deutsche Bibliothek*, hrsg. von Christoph Friedrich Nicolai [Bd. 1-106] und C.E. Bohn [Bd. 107-118], Berlin-Kiel.
36 Adolf Heinrich Friedrich von Schlichtegroll, *Nekrolog, enthält Nachrichten von dem Leben merkwürdiger verstorbener Deutschen in den Jahren 1790-1800*, 22 Bde., Gotha.
37 K. Horstig, *Tagebuchblätter einer Reise in und um den Harz mit 16 Aussichten großer Naturseen von Darnstedt*, Leipzig 1805.
38 Karl Gerhardt Haupt, *Die Lehren der Religion, erl. durch Beispiele aus d. praktischen Leben, zur Begründung christlicher Weisheit, Tugend u. Glückseligkeit etc.*, 5 Bde., mit d. Bildn. d. Verf., Quedlinburg 1828-1830.
39 Jacob Glatz (1776-1831), 1797 Erzieher in Schnepfenthal, 1805 Pfarrer in Wien, 1830 Theol. Ehren-Dr. (Göttingen); *ADB*.
40 Das ist: Louise Witte, Pseud.: Malvina (*n 1780), Schriftstellerin; *DBI*.
41 Johann August Hermes, *Handbuch der Religion*, Bd. 1-2, Berlin 1779, 4. Aufl., Leipzig 1797.

ken, Haarbeutel und [190] Degen, auf der mit rotem Tuche beschlagenen Bühne agieren. Späterhin wurde der noch jetzt im hohen Alter lebende Hofrath Guts Muths mein und meiner Geschwister Hauslehrer (c[on]f[eratur] seine Biographie in den Zeitgenossen von Hirth IV. Band, 5tes Heft, wo er über seine Verhältnisse und über sein Leben in unserem Hause weitläufig spricht und wo auch seine zahlreichen Schriften verzeichnet sind.) Mancher heilsame Einfluß auf meine früheste Jugendbildung muß ich mehreren Hausfreunden meiner seligen Ältern zuschreiben, so dem Cons[istorial] Rath Joh[ann] Aug[ust] Hermes[41] (Verf[asser] des Handbuchs der Religion usw.) der mich auch getauft hat, und Pastor Cramer[42] (Verf[asser] mehrerer asketischer Schriften), dem Rector, später Consist[orialrat] Rath Meinecke[43], dem Pastor Götze[44], dem Naturforscher, besonders Entomologen und anderen.

Welche lieblichen Erinnerungen knüpfen sich an das Andenken meiner frühesten Lebensjahre! Doch ihr Glück wurde bald zerstört. Schon am 16ten Junius 1784 starb mein guter Vater, erst 38 Jahre alt, und hinterließ meine Mutter mit 6 Kindern, von denen ich als das älteste, erst 11 Jahre alt war. Die ganze Stadt nahm an diesem Trauerfall gerührten Anteil. Die Pröpstin ließ meinem Vater ein schönes Denkmal aus Stein setzen, das noch jetzt, von uns Kindern in gutem Stande erhalten, über seiner Asche steht und an dessen einen Seite man die Worte liest: mit den Thränen vieler Guten und Edeln vereint die Ihrigen Charlotte, Herzogin zu Schleswig-Holstein, Pröpstin des Stifts Quedlinburg, und setzt ihm dieses Denkmal.

Wunderbar sorgte die Vorsehung für uns früh Verwaiste. Aus Dankbarkeit für früher geleistete ärztliche Dienste, erbot sich, aus eigenem Antriebe, der damals regierenden Fürst von Anhalt Bernburg, Friedrich Albrecht, meiner Mutter dadurch ihre [191] Sorgen zu erleichtern, daß er mich, als den ältesten ihrer Söhne, auf sein, nach Vorgang des Philanthropins zu Dessau eingerichtete Institut zu Bernburg, nehmen und bis zu meinem Abgange zur Universität kostenfrei unterrichten und erziehen lassen wolle. Natürlich nahm meine Mutter dies mit großen Dank an, und da mich der Fürst sehen wollte, so wurde ich ihm sogleich auf Schloß Ballenstädt vorgestellt. Für zwey anderer ihrer Söhne sah die Mutter sich kurz darauf gleichfalls aller Sorgen enthoben. Professor Salzmann[45] nahm meine beyden Brüder, Johannes und Carl, auf

---

42 *Johann Andreas Cramer (1723-88)*, Theologe u. Dichter; vgl. Friedrich Wilhelm Bautz (Hrsg.), *Biographisch-Bibliographisches Kirchenlexikon*, Bd. 1ff., Hamm (Westf.) 1990ff. [kunftig zitiert: *Bautz*].
43 Johann Heinrich Friedrich Meinecke, auch Meineke (1745-1825), Rektor, Konsistorialrat. – Zum Freundeskreis gehörten: H.M.A. Cramer, J.A. Hermes, J.A. Nössel, Ch.G.W. Ritter, Nordmann, Bollmann u.a. – Neben zahlreichen Publikationen erschien unter dem Pseudonym Aloys Frey, *Finsterlinge unserer Zeit*, Quedlinburg 1822; vgl. Döring Heinrich, *Die gelehrten Theologen Deutschlands im 18. u. 19. Jahrhundert*, Bd. 2, 1832, sowie *Deutsches Biographisches Archiv* [künftig zitiert: *DBA*].
44 Johann August Ephraim Goeze (1731-1793), Pfarrer a.d. Quedlinburger Hospitalkirche, 1787 Hofdiakon am Quedlinburger Stift, Zoologe. – Bruder von Johann Melchior G., d. Hauptpastor a.d. Katharinenkirche in Hamburg (seit 1755, Gegner der Aufklärung, Polemik mit Lessing); *DBE*.
45 Christian Gotthilf Salzmann (1744-1811), Pf. in Erfurt, Religionslehrer am Philanthropicum Dessau, 1784 gründet S., unterstützt von Johann Christoph Friedrich GutsMuths, die philanthropische Erziehungsanstalt Schnepfenthal bei Gotha.
46 Johann Christian Friedrich Krohne (1746-1806), Prediger, Rektor; *DBI*.

seine unlängst zu Schnepfenthal bey Gotha gestiftete Erziehungsanstalt, und stellte auch Guts Muths, der seine Zöglinge daheim begleitet hatte, sogleich als Lehrer bei dieser Anstalt an.

Meine Schülerjahre 1784-1793

Am 19ten Julius 1784 verließ ich unter vielen Thränen das väterliche Haus und ging nach Bernburg, meinem künftigen Bestimmungsort ab. Das Institut, über welches 2 sogenannte Inspicienten gesetzt waren, stand mit der Stadtschule in Verbindung, deren Rector damals Krohne,[46] ein zwar gelehrter, aber indolenter, Mann war. Nach Versetzung desselben auf eine Pfarre, ward der bisherige Conrector, Starke[47], Schulleiter, ein gelehrter, höchst thätiger und außerordentlich liebenswürdiger Mann. (Er starb als Oberhofprediger in Ballenstädt, schrieb Gedichte, Predigten, besonders 5 Bändchen häusliche Gemälde, die ihm einen Namen gemacht haben.) Durch Starke kam die Schule mehr in Flor. Ich verdanke ihm viel. Die übrigen Lehrer waren nicht ungeziehmt. An den alljährlichen Redeübungen habe ich immer einen thätigen Antheil nehmen müssen und ich glaube es diesen Übungen zuschreiben zu dürfen, daß ich späterhin ohne zu große Bangigkeit und immer mit ganzer Besonnenheit [192] die Kanzel betreten konnte. Den Confirmandenunterricht besorgten in der sonst ganz reformirten Stadt junge Candidaten luther[ischer] Confession, die nun gerade dazu angesetzt waren und zwar schlecht genug. Am 3t Mai 1789 wurde ich von dem luther[erischen] Pastor Pay aus Häkelingen in der kleinen luther[erischen] Kapelle des Orts eingesegnet.

Anstatt mich noch näher auf Beschreibung meiner neunjährigen Schulzeit und was ich in derselben trieb, genoß, litt usw. auf meine Ferienreisen nach Quedlinburg, Calbe, Schnepfenthal (1786) u[nd] d[er]gl[eichen] einzulassen, welches nur jeden Leser langweilen würde, für mich selbst aber immer von großem Interesse bleiben wird, erwähne ich nur noch, weil es auf die Folgezeit meines Lebens einen großen Einfluß hatte, daß sich meine verwittwete Mutter den 2te December 1788 wieder verheiratete und zwar mit dem damaligen geistlichen Inspector und Oberprediger Heinrich Gottlieb Zerrenner[48] zu Derenburg bey Halberstadt. Er war vorher Prediger zu Beiendorf in Sohlen bey Magdeburg geworden und starb, nach meiner Mutter Tode, den 10ten November 1811, in einem Alter von 61 Jahren (geb[oren] 8 März 1750), als Consistorialrath zu Halberstadt und als General=Superintendent. Diesem gelehrten und vortrefflichen Mann, der in aller Hinsicht mein zweyter Vater wurde, habe ich unend-

---

47 *Gotthelf Wilhelm Christoph Starke* (1762-1830), Theologe, Dichter. – *Die Gemälde aus dem häuslichen Leben*, 1798-1803; *ADB*, sowie *Gesamtverzeichnis des deutschsprachigen Schrifttums 1700-1910*, bearb. unter der Leitung von Peter Geils u. Willi Gorzny, Bd. 1-160, München-New York-London-Paris 1979-1987 [künftig zitiert: *GV*]

48 Heinrich Gottlieb Zerrenner (1750-1811) – Ed. Jacobs, in: *ADB* 45, S. 96-99, Rühle, in: *Religion in Geschichte und Gegenwart* [künftig zitiert: *RGG*] 2 Bd. 5, Sp. 2108, H. Hohlwein, in: *RGG* 3 Bd. 5, Sp. 1903.

49 Johann Rudolf Gottlieb Beyer: *Allgemeines Magazin für Prediger*, 12 Bde., Leipzig 1789-1796.

lich viel zu verdanken. Sein Leben stehet von ihm selbst beschrieben in Beyers Magazin für Prediger[49], Band VII, Stück 4, wo auch seine vielen ascetischen und pädagogischen Schriften verzeichnet sind usw. seine Predigten für Landleute, Predigten ganz und stückweise, Volksreden über die Evangelien und Episteln, Volksbuch, große und kleine Schulbibel, Catechismen, Der Schulfreund[50], eine Zeitschrift etc. Durch diese Verbindung erhielt ich 4 Stiefgeschwister, von denen jetzt noch 3 am Leben sind, nemlich a., Theodor Z[errenner], Hauptmann der Artillerie [193] bereits außer Dienst, in Halberstadt lebend b. Gottlieb Z[errenner][51], Consistorial- und Schulrath in Magdeburg, auch Propst des Klosters lieber Frauen daselbst, Verfasser vieler, besonders pädagogischer Schriften; c. Emilie Z[errenner], verheirathet an den Prediger Bertling in Wusterhausen bei Quedlinburg. Aus dieser Ehe selbst entstand ein Halbbruder Friedrich Zerrenner, der sich dem Buchhandel gewidmet hatte, ab 1813 als Lützower Jäger in franz[ösische] Gefangenschaft gerieth und in der Festung Fenestrelle[52] in Italien, fern von den Seinigen elend starb.

Im Jahr 1792 nahm mich mein Stiefvater mit nach Halle, um mich seinem verehrten Lehrer und Freund, dem D[octor] und Prof[essor] Nösselt[53] vorzustellen und mich vorläufig seiner Gewogenheit zu empfehlen, wenn ich die Universität beziehen würde; auch Prof[essor] Aug[ust] Wolf[54], Niemeier[55] und andere Professoren besuchten wir und so wurde ich schon vorläufig mit meinen künftigen Lehrern bekannt. Die Zeit meines Abgangs von der Schule kam schnell genug heran. Ein eigentliches Abiturientenexamen fand nicht statt. Meine Abschiedsrede auf den letzten Actus handelte von der Liebe zu Orten und Gegenden.

Meine Studienjahre von 1793-1796

Ostern 1793 bezog ich, 20 Jahre alt, die Universität Halle. Erst hier mußte ich noch ein Maturitäts=Examen überstehen, das von Niemeier, Jakob, Wolf und anderen Professoren abgehalten wurde. Im D[octor] Nösseltschen Hause fand ich die liebreichste Aufnahme, nicht nur freien Biß und freie Wohnung, sondern auch freie Collegia. Welche lehrreichen und angenehmen Stunden verlebte ich nicht in dem Familienkreise, auf der Studirstube und auf dem Weinberge, des als Mensch so geachteten, und als Gelehrten so ausgezeichneten Nösselt, dessen Verdienste um die Theologie die gegenwärtige theol[ogische] Welt schon ziemlich zu vergessen anfängt und über den sich manche Finsterlinge unserer Tage so gar verächtliche Urtheile erlauben.

---

50 *Neuer deutscher Schulfreund* [bestand bis 1838].
51 Karl Christoph Gottlieb Zerrenner (1780-1851). - Sander, in: *ADB*, Bd. 45, S. 100-103.
52 Westlich von Turin.
53 Johann August Nösselt (1736-1807) - Walter Sparn, in: *Bautz*, Bd. 6, S. 983-984.
54 Friedrich August Wolf (1759-1824), Klass. Philologe u. Pädagoge, Prof. in Halle (seit 1783) u. Berlin (seit 1807).
55 August Hermann Niemeyer (1754-1828), Professor d. Theologie in Halle, 1806-1816 Kanzler u. Rektor der Universität, seit 1799 Dir. d. Franckeschen Anstalten.
56 Heinrich Ernst Güte (1754-1805), o. Professor d. Theologie in Halle; *DBI*.

[194] Die Vorlesungen, denen ich während meines Trienniums zu Halle beywohnte, waren folgende: 1. theologische a. theol. Bücherkenntniß; b. Exegese des neuen Test. c. Dogmatik (über Morus epitome,) d. christliche Moral e. Kirchengeschichte (über Mosheim,) f. Hermeneutik (über Ernesti interpres,) zweymal, einmal deutsch, das zweyte Mal lateinisch. Alle sechs Collegien bey Nösselt. g. Einleitung ins alte und neue Test[ament] bei D[octor] Niemeier. h. über die dicta probantia bey Prof[essor] Güte[56]. Auch war ich Mitglied des theol. Seminars. – 2., philosophische a. Logik und Metaphysik bey Prof[essor] Maaß[57]. b. philosophische Religionslehre bey Prof[essor] Jakob[58]. – 3., philologische, sämtlich bey Prof[essor] Aug. Wolf a. über Horaz Episteln und Satyren. b. über Ciceros tusculanische Quästionen.[59] c. über die Hymnen des Homer, die philosophische Enzyklopädie, endlich d. bey Prof[essor] Güte ein fundamentale hebraicum. – 4. andere wissenschaftliche. a. Naturgeschichte bey Prof[essor] Forster[60], dem Weltumsegler. b. Reichsgeschichte bey Prof[essor] Krause[61], c. practische Pädagogik bey Niemeier, ein Zeitungscollegium bey Meinert und noch einige andere. Auch besuchte ich die Vorlesung über die Kunst und den Zeichenunterricht des Prof[essor] Prange[62].

Ich gehe hier, wie bey meinem Schülerleben, nicht ins Detail meines akademischen Lebens ein, das im Ganzen, das darf ich wohl sagen, dem stillen Fleiße und der gewissenhaftesten Vorbereitung auf das künftige Berufsleben gewidmet war; an wilden Studentenfreuden oder gar Studentenstreichen habe ich nie Theil genommen.

Wenn mich auch mein eigener Sinn und Geschmack nicht schon davon abgehalten hätte, so würde es die Achtung von Nösselt und dessen guter Meinung von mir[63], und die brieflichen Ermahnungen meiner guten Ältern gethan haben; aber [195] so auch das gute Beispiel der übrigen Bewohner des Nösseltschen Hauses, (deren einige 20 seyn mochten), unter denen stets Fleiß, Ordnung und gute Sitte herrschten. Mit wahrem Vergnügen denke ich an diese meine akademischen Freunde z.B. an Fritsch, Noak, Zimmermann, Meier, Buthstädt, Richter, Gerhard, Kersten, Böhmer etc. zurück, von denen schon manche hinübergegangen sind. Mit Leiste, jetzt Prediger bey Halle, und Schwiegersohn Nösselts, lebte ich das erste, mit Henneberg, Justizrath in Berlin, die beyden letzten Jahre auf einer Stube zusammen. Die Ferien wur-

---

57 *Johann Gebhard Ehrenreich Maass (1766-1823), Professor d. Philosophie in Halle; Neuer Nekrolog der Deutschen 1 (1823/1824), sowie DBA.*
58 Ludwig Heinrich von Jakob (1759-1827), Dr. jur. et phil., o. Professor d. Staatswissenschaften a. d. Univ. Halle, Kaiserl. russ. Staatsrat, Ritter d. St. Annenordens 2. Kl. u. d. Roten Adlerordens 3. Kl., mehrerer wiss. Ges. Mitglied; DBA.
59 Vermutlich ist Disputationen zu lesen [Tusculanae disputationes)].
60 Johann Reinhold Forster, Natur- und Völkerkundler (1729-1798) seit 1780 Professor in Halle.
61 Johann Christoph Krause (1749-1799), Professor d. Geschichte in Halle, 1787 a. o. Prof., 1788 o. Prof., 1793 Ephorus des Magdeburgischen Provinzialfreitisches zu Halle; DBA.
62 Christian Friedrich Prange (1756-1836), Kunstprofessor; DBI.
63 [Ergänzung links unten:] *Ich legte viel Wert auf feine Worte, worin er von mir schrieb: assidua diligentia et meas est lectiones secutus, et privatim literarum studiis sededit; mihi etiam vehementer morum unam integritatem probavit etc. [Mit großem Fleiß folgt er meinen Vorlesungen und treibt nebenbei wissenschaftliche Studien; auch zeichnet er sich durch einen vorbildlichen Lebenswandel aus usw.].*
64 Johann Christoph Wöllner (1732-1800), seit 1788 preuß. Justizminister u. Minister des geistl. Depar-

den zu kleinen Reisen zu den Verwandten in Calbe und Wettin, und besonders zu den Ältern in Derenburg benutzt und das waren natürlich sehr köstliche Zeiten.

Einer Begebenheit während meines akademischen Lebens will ich jedoch noch gedenken, weil sie damals das größte Aufsehen erregte und noch jetzt nicht vergessen ist. Die Herren Ober Cons[istorial] R[at] Hermes und Geh[eim] R[at] Hilmer, wurden unter dem geistl[ichen] Minister v. Wöllner[64] 1793, als Glaubenscommissarien zur Untersuchung des Geistes der Universität, und besonders der theol. Facultät, nach Halle gesandt. Dieß erregte den höchsten Unwillen bey Professoren und Studenten. Ehe jene Herren aber die Vorlesungen der ersteren besuchen konnten, wurde ihnen von letzteren ein pereat gebracht und die Fenster ihres Quartiers eingeworfen. Ich sehe den ganzen Tumult mit an, denn er geschah unter den Fenstern des Nösseltschen Hauses. Am anderen Tage reisten die Herren unverrichteter Sache ab. Die nächste Folge dieses Auftritts war, daß das hundertjährige Stiftungsfest der Universität 1794 nicht öffentlich gefeiert werden durfte.

Da ich nach vollbrachter Studienzeit irgendwo eine Hauslehrerstelle anzutreten gedachte, so wurden mir gegen das Ende derselben von Niemeier und anderen [196] mancherlei Anträge dazu gemacht. Ich wählte eine Stelle, wozu mich Nössel empfohlen hatte. Ostern 1796 verließ ich die Universität.

Meine Candidatenjahre von 1796-1805

Bald nach Ostern 1796 verließ ich meine geliebten Ältern und reiste über Berlin, das ich jetzt zum ersten Male sah, nach Templin in die Uckermark und von da nach Herzfelde, dem Gute meines künftigen Prinzipals, des Hauptmanns von Berg. Die Verhältnisse, in die ich eintrat, mißfielen mir sehr und der gänzliche Mangel am angenehmen und bildenden Umgang wurde für mich so bedrückend, daß ich mich bald wieder fortsehnte. Eine Reise nach Stettin und eine andere zu meinem Bruder Johannes über Berlin gaben mir einige Erheiterung wieder, dennoch sagte ich nach einem Jahre auf. Das Versprechen, mir einst die Pfarre des Orts zu geben, konnte mich nicht fesseln. Im Mai 1797 eilte ich über Berlin, wo ich noch ein hartnäckiges Kaltes Fieber auszustehen hatte, wieder in meine geliebte Heimath zu meinen theuren Ältern zurück. Ehe ich aber Berlin verließ, besuchte ich mehrere angesehene und einflußreiche Männer daselbst, die Ober Consistorial Räthe Zöllner, Gedicke und Hecker[65], Bibliothekar Biester[66], Friedrich Nicolai usw. und bat sie, meiner zu geden-

---

tements. — Sein »Edikt, die Religionsverfassung in den preußischen Staaten betreffend« vom 9.7.1788 sollte Glaubens- und Gewissensfreiheit gewähren aber auch Geistliche wie Lehrer auf die Lehrbegriffe der symbolischen Bücher festlegen. Es war gegen die »zügellose Freiheit« der Aufklärung gerichtet, erregte jedoch erheblichen Widerstand, da es sich gegen die Freiheit in Lehre und Forschung richtete.

65 Andreas Jakob Hecker (1746-1819), Univ. Halle, Königsberg, 1771 Hilfspred. u. Rektor in Stargard, 1780 2. luth. P. an Dreifaltigkeit in Berlin, 1792-1819 1. P., Ob.-Kons.-Rat u. Ob.-Schulrat; F.

66 Johann Erich Biester (1749-1816) Bibliothekar, Philologe, Jurist, begr. 1783 mit dem Pädagogen Friedrich Gedike (1754-1803) die »Berlinische Monatsschrift«, das wissenschaftliche Organ der Berliner Aufklärung; DBI.

ken, wenn sich etwa in der Folge zu einer Anstellung an eine Schule in Berlin für mich eine Gelegenheit finden sollte. Diese Besuche hatten auf die Gestaltung meines ganzen künftigen Schicksals größten Einfluß.

Ich hatte mich kaum in Derenburg bei meinen Ältern von dem überstandenen Fieber wieder erholt, als ich den Antrag erhielt, eine durch den Abgang des Magisters Steger nach Braunschweig, vacant gewordene Convictualstelle auf Kloster Michaelstein, unter Abt Henke[67], [197] welche Stelle Quedlinburg zu besetzen hatte, anzunehmen. So vortheilhaft und besonders zum weiteren Studiren diese Stelle mir auch schien, so hielten sie doch meine Ältern für nicht ganz geeignet für mich und riethen mir dagegen eine Hauslehrerstelle anzunehmen, zu der mich Abt Henke, ein Freund meines Vaters, empfohlen hatte.

Wilmersdorf. Ansicht mit Kirche von Westen. Tuschezeichnung von 1797.

Im Herbst 1797 ging ich daher nach dem hildesheimischen Kloster Reichenberg bey Goslar zu den sechs Kindern des Amtmann Metzner ab. Ich fand zwar in den Ruinen der alten Abtei (die neue war noch nicht ganz ausgebaut) mit meinen drei Knaben eine Wohnung, die man sich nicht erbärmlich genug denken kann, aber dafür vollen Ersatz in der liebevollen Behandlung der Familie, in den Reizen der lieblichen Harzgegenden und in der Nähe von Goslar. Nie werde ich den Aufenthalt in diesem Kloster, der da gewesenen Freuden, der von da gemachten Reisen nach Braunschweig und Wolfenbüttel usw. und der Augustiner Chorherrn daselbst vergessen.

---

67 Heinrich Philipp Konrad Henke (1752-1809), Theologe; vgl. *Bautz*.

Meine Candidatenjahre von 1796-1805   33

Hier in Reichenberg wandelte mir zum ersten Male die Lust an, etwas drucken zu lassen. Wir lasen mit großem Vergnügen das braunschweigische Magazin, redigirt von Hofrath und Prof[essor] Eschenburg⁶⁸. Ich wagte es, demselben einen Aufsatz unter der Überschrift: »Von der Nothwendigkeit auf das, was unbedeutend zu seyn scheint, seine Aufmerksamkeit zu richten«, zuzusenden, und es wurde sogleich im ersten Stück (16 Jun[ius] 1789) abgedruckt.

Leider verließen wir in demselben Jahre schon Reichenberg und nahmen unseren Aufenthalt im brauschweigischen, nemlich in Achim, bey Hornburg, einem anderen Pachtgute des Amtmanns. [198] Hier wohnte ich sehr anständig, aber die schöne Gegend vermißte ich. Gegen Ende des Jahres schrieb ich einen zweyten Aufsatz für das braunschweigische Magazin nemlich: »Über die Veränderlichkeit und den steten Wechsel im menschlichen Leben«, welcher im 4t Stück Jan[uar] 1799) abgedruckt steht. Das Honorar für beyde Aufsätze blieb in Braunschweig für bestellte Bücher.

Von Neujahr 1799 äußerten sich die Folgen meiner früher in Berlin abgestatteten Besuche. Ich erhielt von Ober Cons[istorial] Rath Hecker den Antrag zu einer vakanten Lehrerstelle am Friedrich-Wilhelms Gymnasium und der damit verbundenen Realschule zu Berlin. Natürlich wurde er angenommen. Am 30sten Januar verließ ich Achim und in der Mitte des Februar war ich in Berlin und damit auf immer ein Bewohner der Mark.

Am 21sten Februar 1800 ward ich vom Ober Cons[istorial] R[ath] Hecker geprüft; folgende 3 Fragen hatte ich schriftlich zu beantworten: 1., was heißt, Kinder in der Religion practisch unterrichten und wodurch kann ein Lehrer diesen Zweck am besten erreichen? 2., Wiefern kann man das Gedächtniß der Kinder üben, ohne befürchten zu müssen, das ihr Wissen bloßes Gedächtnißwerk werde? 3., Was ist ein klassischer Schriftsteller, welches sind die vornehmsten bey den gelehrtesten ältern und neuern Völkern, und warum haben sie die größte Autorität in Bestimmung der Sprache? Am 26sten Febr[uar] 1800 hielt ich in der ersten Religionsklasse der Realschule, die ich zu übernehmen hatte und 6 Jahre lang behielt, eine Probelection. Ich hatte als Lehrer dieser Anstalt, bey vierstündigen Unterricht, auf dem Pädagogio des Gymnasiums freie Wohnung, Licht, Bette, Wäsche und Aufwartung, 96 Thaler Gehalt, 40 Thaler Zulage, 16 Thaler Biergeld und später für die Übernahme einer ökonomischen Klasse noch 25 Thaler.

[199] Meine Einnahme wurde durch Privatunterricht, den ich in angesehenen Häusern ertheilte, besonders aber durch die Verbindung mit einer reichen Familie aus Curland sehr verbessert. Der Baron von Fircks⁶⁹ übergab mir nemlich seine 4 Kinder auf 3 Jahre gegen ein sehr gutes Kostgeld zur Erziehung und zum Unterricht, während welcher Zeit er mit seiner Gemahlin in Deutschland, Frankreich, der Schweiz und Italien umherreiste. Bey ihrer Rückkehr sollte ich unter sehr annehmlichen Bedingungen (200 Dukaten, freie Station, 2 000 Capital nach Beendigung der

---

68 Johann Joachim Eschenburg (1743-1830), seit 1777 Prof. für Schöne Literatur u. Philosophie in Braunschweig, Shakespeareübersetzer.
69 Freiherr Georg Friedrich von Fircks [auch: Firks] (*19.4.1782 in Nogallen (Kurland), † im Juli 1843 in Bad Toeplitz), Erbherr auf Fischroeden, Kreismarschall, Collegienrath; *DBA*.

Erziehung, entweder eine reiche Pfarre in Curland oder eine Professur in Dorpat (R[egia]) mit nach Curland gehen, aber die Liebe zum Vaterlande bewog mich sie auszuschlagen. Nach Fircks Abreise erschien dessen älterer, noch reicherer Bruder, denn er war Majoratsherr, mit einem Sohn, dessen Lehrer ich ebenfalls gegen ein beträchtliches Honorar und andere angenehme Vortheile wurde (z.B. monatlich 30 Billets zum Schauspiel).

Bald nach dem Antritt meiner Lehrerstelle in Berlin, traf mich ein sehr harter Schlag. Meine vortreffliche, so hochgeehrte und geliebte Mutter starb am 31sten December 1799. Was ich und mein Bruder Johannes, der in der Nikolaischen Buchhandlung stand, hierbey empfunden, ist nicht auszusprechen.

Im October 1801 machte ich eine Reise über Köthen, Bernburg, Calbe, Magdeburg etc. nach Derenburg, zum Vater, der sich zum dritten Male und zwar mit der Wittwe des ... Sangerhausen[70] wieder verheiratet hatte. Zwey Kinder wurden ihm zugebracht, nemlich Charlotte Brederlow, jetzt verheirathet an den Prediger Hahnzog[71] zu Weddersleben; und Fritz B[rederlow][72] jetzt Seminarinspector zu Halberstadt.

[200] Im Laufe dieses Jahres ließ ich drucken: »Briefe eines Lehrers an seinen ehemaligen Zögling, über die wichtigsten Kunsterfindungen, welche sowohl auf die Veredlung des menschl. Geistes, als auch auf die Erhaltung, Sicherheit, Bequemlichkeit und auf den erhöhten Genuß des Menschenlebens Einfluß haben. Ein Lehrbuch für Kinder von reiferem Alter.« Berlin 1801. 8. bey Belitz (18 Groschen). Diese Briefe, als deren Verfasser ich mich aus Furcht einer üblen Aufnahme, nicht genannt hatte, fanden dennoch gegen meine Erwartung und zu meiner großen Befriedigung allgemeinen Beyfall und erfreuten sich der günstigsten Recensionen (z.B. in der Jenaer Allg[emeinen] Literatur Zeitung 1801. no 240, p[agina] 410. Deutscher Schulfreund 25stes Bändchen. Ober Deutsche Literaturzeitung[73] no 58. p[agina] 119. Bibliothek der Pädag[ogischen] Literatur[74] 1 B[d.], 14 Stück, April, p[agina] 375 usw. Auch wurden sie in Natorps Schullehrerbibliothek 4. Aufl., p[agina] 168 empfohlen.) Im Jahre 1803 waren diese Briefe vergriffen und ich arbeitete sie unter folgendem Titel um: »Die Erfindungen. Ein Lehrbuch für Bürger- und Industrieschulen« von Ch[ristoph] G[erhard] W[ilhelm] Ritter, ordentl[icher] Lehrer an der Königl[ichen] Realschule zu Berlin, i[m] B[uchhandel] bey Reimer in der Realschulbuchhandlung. 1804. 10 Groschen. Dieses Büchlein wurde in der Realschule eingeführt und ich mußte weiter Unterricht darüber ertheilen. Auch dieses Buch wurde gut aufgenommen c[on]f[era-

---

70 Der Name fehlt, es folgt eine Ortsangabe. Nach Armin Dittrich, *Pfarrbuch der Kirchenprovinz Sachsen*, Halle 1998, Nr. E18, Kasten 3, ID18, war Z. in 3. Ehe verheiratet mit Maria Christiana Dorothea [geb.] Timme. Nach Carl Kehr, *Die Geschichte des Königlichen Schullehrer-Seminars zu Halberstadt. Festschrift zur Jubelfeier seines hundertjährigen Bestehens am 10. Juli 1878*, Gotha 1878, S. 111, war sie die Witwe (geb. Temme aus Aschersleben) des Superintendenten Brederlow aus Ermsleben.
71 Friedrich Ludwig Hahnzog (1779-1851), Sohn des Predigers Christian Ludwig H. ₁(1737-1805) in Welsleben.
72 Karl Gottlieb Friedrich Brederlow (1794-1859).
73 *Oberdeutsche allgemeine Litteraturzeitung*. Salzburg 1783-99, München 1800-1816.
74 *Bibliothek der Pädagogischen Literatur*, hrsg. von Johann Christoph Friedrich GutsMuths, Gotha-Leipzig 1800-1805; Forts.: *Zeitschrift für Pädagogik*.

tur] Allg[emeine] d[eutsche] Bibl[liothek], Allg[emeine] Lit[e]r[atur] Zeitung Natorp p[agina] 175 usw.). Das Honorar dafür wurde mir gestohlen, doch brachte es mir auf der anderen Seite Gewinn. Ich hatte es dem Minister v. Massow[75], damaligem Chef des geistl[ichen] Departements und den Mitgliedern des Ober Consistorii dedicirt und wurde diesen Männern dadurch bekannter.

Noch eines anderen schriftstellerischen Products aus meinen Candidatenjahren muß ich gedenken, weil es damit eigentlich recht spaßhaft zuging. Jünger[76] [201] in Wien hatte 1796 einen komischen, auf 6 Bände berechneten Roman, unter dem Titel: Fritz, zu schreiben angefangen. Der Buchhändler Carl August Nikolai in Berlin hatte ihn im Verlag. Jünger starb, als er die ersten 2 oder 3 Bände beendigt hatte. Darauf setzte Nikolai selbst unter Jüngers Namen, den Roman fort, er starb aber auch, ohne ihn zu vollenden. Da der Nachlaß in die Hände seines Vaters Friedrich Nikolai fiel, so befragte mich dieser (1800), ob ich mich getraue, den Roman, an welchem noch 1½ Bände fehlten, zu beendigen, aber noch vor der Ostermesse, die nicht mehr fern war.

Nachdem ich die früheren Bände gelesen hatte, erklärte ich keck meine Bereitwilligkeit dazu. Nikolai gab mir nun ein Blättchen, gerade wie es die Ärzte zu ihren Recepten gebrauchen, mit einigen Fingerzeigen z.B.: Fritz muß die Julie heirathen, Wagner muß noch einmal zum Vorschein kommen, er kann die oder die zur Frau erhalten etc. Damit ging ich an die Arbeit, welche um so schwieriger war, da ich mich genau an die letzte Periode des von Carl August Nikolai hinterlassenen Manuscripts, wovon nun schon die ersten 6 Bogen im 5ten Bande schon abgedruckt waren, anschließen mußte. Jedem muß es schon auffallen, wenn er sieht, daß mit der 97sten Seite des 5ten Bandes ein ganz verschiedener Druck auf ganz anderen Papieren angeht. Aber noch nicht genug. Da ich voraus sah, daß ich bey allem guten Willen, dennoch die 2 Alphabete, die etwa geschrieben werden sollten, in der bestimmten kurzen Zeit nicht würde liefern können, so legte ich den durch zuführenden Plan so an, daß der eine Theil desselben füglich von noch einem Anderen ausgearbeitet werden konnte. Diese Arbeit trug ich meinem Schul- und Universitätsfreunde, dem damaligen Cadettengouverneur [202] Böhmer (Verf[asser] einer Lebensbeschreibung des großen Kurfürsten u.a. Schriften, starb in Dorpat bey Professor Rambach[77]) vor, und er übernahm sie mit Freuden.

Wir lieferten zur rechten Zeit das Manuscript in die Druckerei und theilten uns redlich das Honorar, das über 100 Thaler betrug. So geht es bisweilen mit der Bücherfabrikation! – Auch schrieb ich um diese Zeit auf Aufforderung, zwy Aufsät-

---

75 Eberhard Julius Wilhelm Ernst von Massov (Massow, Julius Eberhard) (1750-1816), Staatsminister; *DBI*.
76 Fritz, ein komischer Roman, 6 Theile. Mit Kupfern von Jury, u.a. Berlin-Leipzig 1796-1800. – Jünger, Johann Friedrich → Jakob Minor, in: *ADB*, Bd. 14, S. 709-711. – Roswitha Fischer, in: *Neue Deutsche Biographie*, Bd. 1ff. Berlin 1953ff., hier Bd. 10, S. 644-645 [künftig zitiert: *NDB*]. Minor (1881) kennt den Verfasser der beiden letzten Bände nicht. Fischer erwähnt den Roman nicht.
77 Friedrich Eberhard Rambach (1767-1826), Professor d. altklass. Philologie usw; *Deutschbaltisches Biographisches Lexikon*, hrsg. von Wilhelm Lenz, Köln-Wien 1970, S. 606.

ze, den einen für die Denkwürdigkeiten und Tagesgeschäfte der preuß[ischen] Staaten an Kosmann[78] Jul[ius] 1801. p[agina] 772, über perspectivische Vorstellungen, den anderen, ich glaube, fürs Modejournal, ich weiß jetzt aber nicht mehr zu sagen, wovon er handelte.

In den Wintermonaten hörte ich dann und wann, zu meiner Belehrung, Collegia, die damals zum öfteren von Gelehrten gelesen wurden z.B. Moralphilosophie bey Prof[essor] Kiesewetter, Physiologie des menschlichen Körpers bey Dr. Heinrich Meier, griech[ische] Geschichte bey Hartung etc.

Da der Wunsch, ins Predigtamt einzutreten, nach und nach immer lebendiger bey mir wurde, ich aber bisher nur wenige Male, nemlich auf den Dörfern bey Halle, in der Uckermark und im halberstädtischen die Kanzel bestiegen hatte, so übte ich mich im Jahre 1804 sehr fleißig im Predigen, so wohl in Berlin selbst, als auch in der Umgegend. Auch in Wilmersdorf predigte ich für Pred[iger] Kutzbach, ohne zu ahnen, daß ich einst sein Nachfolger im Amte werden würde. Am 30sten Mai 1804 wurde ich von Hecker tentirt, nachdem ich vor ihm, am 24 April, in der Dreifaltigkeitskirche über Coloss[er] 2,6.7 gepredigt hatte. Die Themata zu den schriftlichen Arbeiten waren folgende: 1., ein möglichst ausführlicher Lebenslauf in lateinischer Sprache, 2., eine exegetisch-dogmatische Abhandlung über 2. Timoth[eus] 2., und zwar so, daß zuvörderst die in jedem Verse vorkommenden [203] dunklen, einer Erklärung bedürftigen Ausdrücke und Vorstellungen erläutert, dann der richtige Sinn des Verses durch eine Übersetzung (nicht Paraphrase) dargestellt, und zuletzt die in jedem Verse liegenden Lehren oder Charismata ausgezogen werden. 3., Wie kann die in den älteren theologischen Compendien vorkommende sogenannte Heilsordnung, welche in der Lehre von den Gnadenwohltaten (Berufung, Erleuchtung, Wiedergeburt, Rechtfertigung, Heiligung und Erneuerung) und in der Lehre von der Gnaden Ordnung (Bekehrung, Glaube an Jes[us] Christ[us] und gute Werke) enthalten ist, mehr simplifizirt werden? Zur Beantwortung dieser Frage ist erforderlich, daß die bezeichneten logischen Ausdrücke schriftmäßig erläutert werden, und der Anfang und Fortgang der Besserung des Menschen ebenfalls schriftmäßig dargestellt wird. 4., Wodurch unterscheidet sich die Kantische Philosophie von der Wolfschen?

Da in demselben Jahre 1804 durch den Abgang des Predigers Klaproth[79] die lutherische Predigerstelle an dem Charité Krankenhause zu Berlin vakant wurde, Hecker und andere zur Bewerbung um dieselbe riethen (der alte Domherr von Rochow[80] sagte zu mir: nehmen Sie die Stelle, wenn sie dieselbe bekommen können, Sie stehen dann im Steigbügel), so meldete ich mich mit mehreren anderen. Candidat Jung[81] und ich wurden zur Wahlpredigt aufgefordert. Am 22sten Julius 1804 hielt ich die

---

78 Johann Wilhelm Andreas Kosmann (1761-1804), Professor, Philosoph; *DBI.*
79 Heinrich Wilhelm Ferdinand Klaproth (1771-1864), Univ. Halle, 1800 P. a. d. Charité in Berlin, 1805 P. in Plaue; *F.*
80 Friedrich Eberhard Rochow (1734-1805) Pädagoge, Literat, Domherr, setzte sich als Sozialreformer für Armenfürsorge, Volksgesundheit und wirtschaftl. Verbesserung ein; vgl. *ADB* sowie *DBI.*
81 Heinrich Jungk (1776-1821), Univ. Halle, ord. 1806, 1800 Lehrer am Kadettenkorps in Berlin, P. in Eichstädt, K. Spandau, 1809 P. in Bredow, K. Nauen; *F.*

Meinige über den von Teller gegebenen Text Joh[annes] 4,24, und wurde am 8. August gewählt. Am 22. Sept[ember] war mein schriftliches Examen in der Sakristei der abgebrannten Petrikirche. Die Themata zu den Arbeiten waren: 1., Paraphrase von Röm[er] 8,1-9 2., Welches waren die Religionslehren, um welche sich die evangelische Kirche besonders von der römischen trennte? 3., Welches war der Einfluß der platonischen und nachher der [204] aristotelische Philosophie in die Theologie und in welchen Jahrhunderten? 4., welches sind die Moralprincipien der ältern und neuern Zeiten; lateinisch. – Am 23sten Sept[ember] hielt ich meine Prüfungpredigt in der Petrikirche über 1. Cor[inther] 11,14. Am 24sten ej[us mensis] wurde ich mit Candidat Brömmel und Cand. Euchler[82] von den Predigern Troschel und Lüdecke[83] mündlich examinirt. Am 27sten Sept[ember] war mein öffentliches Examen auf dem Ober Consistorium von Teller usw., am 30sten meine feierliche Ordination in der Petrikirche durch Troschel und Lüdecke; am 25sten erhielt ich meine Vokation.

Im Jahr 1805, den 9ten Febr[uar] hielt ich meine letzte Lection auf der Realschule. Am 24sten Febr[uar] war meine Introduction in der Charitékirche, welche, statt des kranken Teller, der Prediger Herbst[84] besorgte; seine Assistenten waren der Feldprediger Rolle[85] und der reformirte Prediger der Charité, Metger. Zugleich hielt ich meine Antrittspredigt über Matt[häus] 11,28.29. Thema: Jesus, ein freundlicher Helfer aller, welche Ruhe des Gemüths bedürfen. Am 1sten März verließ ich mit dem innigsten Dank gegen die göttliche Vorsehung, die mich bisher so väterlich geleitet hatte, und mit herzlicher Anerkennung des vielen, in meiner bisherigen Stellung mir zu Theil gewordenen Guten, meine Wohnung auf der Schule, und zog nach der Charité, um dort als Prediger und Seelsorger so vielen Elenden und Unglücklichen wirksam zu seyn. Von meinen damaligen Collegen von der Schule, derer ich noch immer mit Liebe gedenke, sind (1833) nur noch wenige am Leben, nemlich Pro[essor] Levezow[86] in Berlin, Prof[essor] Wrede[87] in Königsberg, Propst Straube[88] in Mittenwalde, Prediger Pfennigk[89] in Schöneberg; alle übrigen, die Professoren Nolte[90] (hernach Ober

---

82 Karl Wilhelm Euchler (1776-1843), 1804 P. in Sauen, 1822-1831 P. in Pfaffendorf, K. Beeskow; F.
83 Johann Ernst Lüdecke (1746-1807), 1775 Hilfspred. an Friedrichswerder u. Dorotheenst., 1776 Hilfspred. an Petri ebd., 1805-1807 Diak. ebd.; F.
84 Joh. Friedr. Wilh. Herbst (1742-1807), 1769 Feldpred. im Inf.-Rgt. v. Rentzelin Bln., 1782 Oberpf. in Reppen, K. Sternberg II, 1782-1807 an St. Marien in Berlin; F.
85 Friedrich Heinrich Rolle (1770-1845), Univ. Halle, 1798 Feldpred. im Inf.-Regiment. v. Kunheim in Bln., seit 1808-1845 P. an Georgen, K. Berlin-Stadt I.; F.
86 Jakob Andreas Konrad Levezow (1770-1835), Museumsdirektor, Archäologe; DBI.
87 Karl Friedrich Wrede (1766-1826), Pred. zu Jasenitz in Vorpommern, Prof. am Friedrich-Wilhelm-Gymnasium in Berlin, seit 1806 o. Professor d. Mathematik a. d. Univ. Königsberg.
88 Straube, Königl. Superintendent u. Propst, Ritter des roten Adler-Ordens 3. Klasse, †21.8.1841, 34½ Jahre im geistlichen Amt; vgl. *Königlich privilegirte Berlinische Zeitung von Staats- und gelehrten Sachen* [Vossische Zeitung], vom 27.8.1841, Nr. 199, Beil. [künftig zitiert: *VZ*], sowie *DBI*.
89 Christian Gottlieb Pfennigk (1767-18?), P. in Berlin-Schöneberg, K. Friedrichswerder II, emerit. 1846; F.
90 Johann Wilhelm Heinrich Nolte (*1767), seit 1805 Oberkons.Rat. Vgl. *Gelehrtes Berlin. Verzeichnis im Jahre 1825 in Berlin lebender Schriftsteller und ihrer Werke aus den von ihnen selbst entworfenen oder revidirten Artikeln zusammengestellt und zu einem milden Zweck herausgegeben,* Berlin 1825, S. 188-189.

Cons[istorial] Rath), Jungius⁹¹, Hecker, Hildebrand, die Lehrer Kappert, Zimmermann, Kämpe, Zernick, Hensel, Schneider usw. alle sind, nebst dem Director, schon längst den Weg gegangen, den wir alle gehen müssen.

Meine Predigerjahre von 1805-1846
Als Prediger auf der Königl[ichen] Charité 1805-1809

[205] Alle Geschäfte dieser Stelle, als die Predigten in der Kirche, die zwey wöchentlichen Betstunden auf den Krankensälen, die Krankenbesuche und Krankencommunionen, die Beschäftigung mit den Irren und Melancholischen, wenn sie von den Ärzten verlangt wurden, die zahlreichen Taufen in der Entbindungsanstalt, die besonders mühevolle Führung der Kirchenbücher usw. alle diese Geschäfte waren zwischen dem ref[ormirten] und luther[erischen] Prediger getheilt, so daß ich immer eine Woche um die andere ganz für mich behielt. Ich schweige von den in diesem Amte gemachten mannigfaltigen Erfahrungen, besonders in psychol[ogischer] Hinsicht. Ich könnte viel davon sagen. Meine gute, unverweichliche Körperbeschaffenheit sicherte mich gegen alle Folgen so vieler widriger Eindrücke von außen und das Gefühl der Pflicht ließ mich jedes noch so unangenehme Geschäft, z.B. auf den Stationen der Venerischen, Krätzigen und Wahnsinnigen freudig und muthig verrichten. Nur zwey Mal war ich krank, beyde Male an einem kranken Fieber. Ich bewohnte zwey sehr große, schöne Zimmer, hatte frey Holz, Licht, Wäsche und Aufwartung (Magd und Bedien[s]te[te] mit dem anderen Prediger gemeinschaftlich), einen recht guten Mittagstisch, 36 Thaler für den Abendtisch, 6 Thaler zum Frühstück, 26 Thaler zu Bier, 95 Thaler Gehalt an der Charité, 110 Thaler königl. Zulage und etwa 18 Thaler Accidenzien. Die Einnahme wurde durch Privatstunden in der Stadt erhöht. Geh[eim] Rath Fritz⁹² war zu meiner Zeit Oberarzt, dann der Geh[eim] Rath Horn⁹³.

Am 19ten April 1805 wurde ich durch den Geh. Rath Klaproth⁹⁴ als Mitglied der großen Loge⁹⁵ zu den drei Weltkugeln und zwar der Loge zu den 3 Seraphinen [206] aufgenommen. Am 3. Januar 1806 erhielt ich den zweyten, am 16ten Junius 1809

---

91 Wilhelm Friedrich Jungius (1771-1819), Professor, Mathematiker, Naturwissenschaftler, Schriftsteller; *DBI*.
92 Johann Friedrich Fritze [!] (1735-1807), zweiter leitender Arzt der Charité in Berlin; vgl. Biographisches Lexikon der hervorragenden Ärzte aller Zeiten und Völker, 3., unveränd. Aufl., München-Berlin 1962, Bd. 3, S. 629 [künftig zitiert: *Biographisches Lexikon*].
93 Ernst Horn (1774-1848), zweiter Arzt a. d. Charité in Berlin, seit 1821 o. Professor d. Heilkunde a. d. Univ., Geh. Medizinalrat; *Biographisches Lexikon*, Bd. 3, S. 297f.
94 Martin Heinrich Klaproth (1743-1817), Apotheker u. Chemiker, 1806 Dr.phil.h.c. Univ. Erlangen, 1810 erster Lehrstuhlinhaber a. d. Univ. Berlin, Mitgl. von 11 Akademien usw., entdeckte mehre chemische Elemente (Zirconium, Uran, Titan u.a.), seit 1790 Mitglied der Mutterloge zu den drei Weltkugeln.
95 Im Text abgekürzt durch das Logenzeichen (Quadrat); [Franz August von Etzel], *Geschichte der Großen National-Mutterloge in den Preußischen Staaten, genannt zu den drei Weltkugeln*, 6. Ausg., Berlin 1903.

den dritten, den Meistergrad. Ohne mich ganz dieser Verbindung zu entziehen, habe ich doch seit meiner Versetzung nach Wilmersdorf, fast gar nicht an ihren Arbeiten Theil genommen.

Am 30sten Jul[ius] 1805 taufte ich, nach vorhergegangenem Unterricht im Christenthum, den jüdischen Arzt Isaak Namon Saladin, aus Soldin gebürtig. Im October machte ich eine Reise nach Magdeburg zur Hochzeit meines Stiefbruders Gottlieb Zerrener. Auch schrieb ich in diesem Jahr eine Vorrede zu dem Buche des Regierungsraths von Breitenbauch[96], das er unter dem Titel: »Mythologische Erzählungen, mit Erläuterungen aus der älteren griechischen Geschichte, ein lateinisch= deutsches Lesebuch für junge Leute etc.« Berlin bey Gädicke[97] herausgegeben hatte.

Im October 1806 brach der verhängnisvolle Krieg mit den Franzosen aus. Am 24sten erschienen die ersten feindlichen Truppen in Berlin. Ich sehe ihr Lager an der Schloßbrücke. Am 27sten war ich Zeuge von dem Einzug des Kaisers Napoleon. Am 28sten Oct[ober] wurde die ganze Berliner Geistlichkeit zur Audienz aufs Schloß berufen. Da hatte ich dann Gelegenheit den gefürchteten Mann, dessen Charakterfehler Niemand in Abrede stellen kann, dessen Geistesgröße aber auch Niemand ableugnen wird, ganz in der Nähe zu betrachten und sprechen zu hören. Sein Bruder Hieronymus, König von Westphalen stand ihm zur Seite. Die Geistlichen, zwischen deren Köpfen und Perücken hindurch ich den Kaiser lorgnettirte, schlossen einen dichten Kreis um ihn; Ober Cons[istorial] Rath Ermann[98] führte mit ihm die Unterhaltung, die sehr lebendig wurde. Er empfahl uns besonders Moral zu lehren und das Volk zur Unterwerfung und zur Fügung in die Umstände zu ermuntern.

Im Jahre 1807 verließ mein College Metger[99] die Charité und ging als Hofprediger nach Stolpe. Ihm folgte [207] Prediger Petiscus[100], der am 5. Jul[ius] seine Antrittspredigt hielt. Der 9te Jul[ius] brachte zwar den Frieden zu Tilsit, aber Berlin wurde noch lange nicht von den Lasten des Krieges, namentlich von einer fortwährenden Einquartierung, befreit. Ich empfand in meinem Asyl bey den Kranken der Charité auch nicht das Geringste von den Drangsalen des Krieges, außer daß das königl[iche] Gehalt theils unregelmäßig, theils gar nicht gezahlt wurde. Nur ein Mal kam ich mit den Franzosen in Berührung, als sie unsere armen Kranken nach Spandau usw. ver-

---

96 Georg August von Breitenbauch (1731-1817), Dichter, Historiker. – Bibliographie: Breitenbauch, Verzeichnis der Schriften des Hrn. Kammerraths George August von Breitenbauch nebst Anzeige ihres Inhalts, Leipzig 1804 – Obiger Titel weder in GV noch DBA nachzuweisen; DBA.
97 Johann Christian Gädicke [Gädike] (1763-1837), Buchhändler, Schriftsteller; DBI.
98 Johann Peter [Jean Pierre] Ermann (1735-1814), P. an Franz. Friedrichswerder zugl. Lehrer am Franz. Gymnasium, 1766 Dir. ebd., 1783 OKR, 1786 Mitgl. d. Akad. d. Wiss., 1795 Geh.Rat; F. – Christian Velder, 300 Jahre Französisches Gymnasium Berlin, Berlin 1989, S. 134; Am Ende der einstündigen Unterredung, die hauptsächlich von Religionsfragen handelte, berührte der Siebzigjährige den Arm des Kaisers und sagte: »Sire, ce bras est victorieux, il doit être bienfaisant« [Majestät, dieser Arm ist siegreich, er soll wohltätig sein!].
99 Friedrich Severin Metger (1775-1834), 1802 P. a. d. Charité u. Invalidenhausin Berlin, 1807-34 ref. P. in Stolp, Po.; F.
100 August Heinrich Petiscus (1780-1846), 1807 P. a. d. Charité, 1808 P. am Friedrichs-Waisenhaus ebd., 1811 Professor d. Geschichte u. Erdkunde ebd., 1812 zugl. P. an Parochial ebd., 1815 abgesetzt; vgl. F, sowie Gelehrtes Berlin ..., S. 196-197.

wiesen und die Charité für ihre Kranken einrichteten und dann auch die Kirche zu Totenmessen benutzten.

Im Jahre 1808 bereitete sich, ohne das geringste Zuthun von meiner Seite, meine Versetzung nach Wilmersdorf vor. Im Junius sah ich eines Sonntags den Ober Cons[istorial] Rath Nolte in meiner Kirche. Er fragte mich gleich nachher, ob ich die vakante Predigerstelle in Wilmersdorf wohl annehmen würde, wenn sie mir angetragen werden sollte. Da ich mich gar nicht abgeneigt erklärte, so lud er mich ein, mit ihm die Gemahlin des Geh[eimen] Kabinetsraths Beyme zu besuchen, mit der Erinnerung, nicht ein einziges Wort über Wilmersdorf fallen zu lassen. Dies geschah. Noch im Junius erhielt ich vom Geh[eimen] Kabinetsrath Beyme, der indes von Königsberg zurückgekommen war, eine Einladung nach Steglitz und daselbst vor ihm zu predigen. Ich fuhr am 17ten Julius mit Nolte und dem Sup. Lettow[101] hinaus, predigte über das Sonntagsevangelium vom Fischzug Petri in Gegenwart Beymes und vieler Gäste und ehe wir noch zu Tisch gingen, fragte mich Beyme sehr herzlich und zutraulich, ob ich sein Pfarrer werden wolle. Tief gerührt über das so schnell mir geschenkte Vertrauen und mit stillem Dank gegen die Vorsehung, nahm ich das Anerbieten auf der Stelle freudig an.

[208] Zwar ist der König Patron von W[ilmersdorf], aber Beyme hatte es sich von ihm erbeten, diesmal die Wahl des Predigers treffen zu dürfen. Er hatte nemlich den Plan in Dalem ein Pfarrhaus zu erbauen, die Kirche in Steglitz und Schmargendorf eingehen zu lassen und beyde Gemeinen in der Kirche zu Dalem, die er besonders schön ausschmücken wollte, zu vereinigen. Wilmersdorf sollte an Schöneberg fallen; Schöneberg sollte Lankwitz an Giesensdorf und Giesensdorf Steglitz an Dalem abgeben. Ich mußte mich mit einer solchen etwa eintretenden Anordnung zufrieden erklären, denn es hieß ausdrücklich in der Vokation am 22sten Oct[ober] 1808: – »übrigens wird hiermit noch bestimmt und festgelegt, daß wenn sich in der Folge Gelegenheit finden sollte, mit Zustimmung des K[öniglichen] Ober Consistorii die Pfarre zu Dalem und Schmargendorf mit der zu Steglitz zu vereinigen und dagegen von Wilmersdorf zu trennen, der Herr Ritter sich solches ohne besondere Vergütung der für ihn aufhörenden Wilmersd[orfer] Pfarr Einkünfte gefallen zu lassen und für solche die Pfarr Einkünfte aus Steglitz, so wie sie dermalen seyne werden, anzunehmen hat.« Da aber die Gemeinen zu Steglitz und Schmargendorf nicht zum Besuch der Kirche zu Dalem vermocht werden konnten, so mußte der Plan aufgegeben werden, und es blieb ganz beim Alten.

Am 11ten September hielt ich in Wilmersdorf und Dalem meine Gastpredigt über das Ev[angelium] vom barmherzigen Samariter (13. S[onntag] p[ost] Trin[itatis]), und wurde mit allgemeiner Zufriedenheit der Gemeinen angenommen. Am 4ten Advent hielt ich in der Charitékirche meine Abschiedspredigt über 1 Corinth[er] 15,58. Mein Nachfolger im Amt war der jetzige Cons[istorial] Rath und Generalsuperintendent

---

101 Ernst Friedrich Gottlob Lettow (1761-1830), Univ. Halle, 1797 Frühpred. an Friedrichswerder u. Dor. in Berlin, seit 1804 an Nikolai, 1810-1830 Sup. ebd.

von Schlesien, Herr Ribbeck[102], Sohn des verstorbenen Propstes. An Petiscus [209] Stelle war am 30sten October Prediger Gossauer[103] getreten. Am 3ten Sept[ember] zogen die Franzosen von Berlin ab. Am 10ten Sept[ember] trafen Russen ein.

Als Prediger in Wilmersdorf von 1809-1846 [104]

Am 8ten Januar 1809, 1ten S[onntag] p[ost] Epiph[anias] wurde ich von Propst Hanstein[105], unter Beystand des Oberpredigers Dressel zu Charlottenburg, und des Pred[igers] Pfennigk, in den Kirchen zu Wilmersdorf und Dalem (bey einer fürchterlichen Kälte) eingeführt. Am 12ten Januar holten die hiesigen Bauern mich und meine Sachen auf Schlitten von der Charité ab. Am 2 S[onntag] p[ost] Epiph[anias], den 15ten Januar, hielt ich über Hebr[äer] 13,17.18 meine Antrittspredigt in allen 3 Gemeinen. Das Thema war, die gegenseitigen Pflichten eines Predigers und seiner Gemeine.

Von jetzt an, werde ich das, was etwa in Beziehung auf mein Leben und mein Amt zu sagen wäre, ganz kurz von Jahr zu Jahr aufzeichnen.

1809. Da ich in der Kirche hieselbst, und auf dem Altare manches vermißte, so sorgte ich z.B. für Taufbecken, Weinkanne, Altarleuchter, Oblattenkessel, Altarkrug, Büchsen zum Collectiren, Tafeln zum Aufschreiben der Lieder etc. ließ die Kanzelbrüstung mit dem Tuch einer unbrauchbaren Altardecke beschlagen, paßte dafür eine weißleinene an, später auf Befehl eine schwarztuchene usw. Durch den Krieg war alles in Unordnung gerathen. – Die Zeitpacht erneuerte ich auf 6 Jahre mit dem im Hause wohnendem Pächter Bolz, ganz nach dem Contract meines Vorgängers. – Im October machte ich eine Reise ins Halberstädtische und in den Harz, besonders nach Blankenburg und Haselfelde. – Am 23sten December kehrte die Königl[iche] Familie zur Freude des ganzen Landes, nach langer Abwesenheit, wieder nach Berlin zurück. Die Dankpredigt wurde über Ps[alm] 50,14 gehalten.

[210] 1810. In diesem Jahre wurden die Schulvorstände eingeführt. Der hiesige am 14ten S[onntag] p[ost] Trin[itatis] feierlich in der Kirche verpflichtet, dabey über Ephes[er] 6,4 gepredigt. – Am 19ten October verlobte ich mich mit Friederike D[...]y,[106] einziger Tochter des verstorbenen Königl[ichen] Kammerdieners D[...]. Was aus dieser Verlobung nach einer sehr kurzen Bekanntschaft, vorging, ließ nichts Gutes hoffen, sondern nur Unheil für mich in der Zukunft fürchten. Die Nacht

---

102 Johann Gabriel Ernst Friedrich Ribbeck (1783-1860), 1809-11 P. an d. Charité in Berlin, 1832 Gen.-Sup. in Breslau, 1843-60 Wirkl. Ob.-Kons.-Rat in Bln.; Konrad Gottlieb R. (1759-1826) 1805 Propst an St. Nikolai, 1. Ehrenbürger Berlins (06.07.1913).
103 Leopold Franz Gossauer (1777-[?]), Univ. Halle, seit 1808 P. a. d. Charité in Berlin, K. Berlin-Stadt II, emerit. 1846; F.
104 [Eingefügt:] *den 28. November Sonnabend gegen 9 Uhr fr[ater] Frege.*
105 Gottfried August Ludwig Hanstein, D. (1761-1821), 1803 Sup. u. Oberdompred. in Brandenburg, 1805-1821 Propst an Petri in, K. Kölln-Stadt; Ob.-Kons.-Rat; Vgl. *ADB, NDB, RGG, DBI, F* sowie *Bautz.*
106 Friederike Karoline Charlotte Delley; *F*, Bd. 2,2, S. 701.

wurde in der traurigsten Gemüthstimmung und unter ängstlichen Beratschlagungen, welcher Entschluß zu fassen sey, mit einer mir befreundeten Familie hingebracht. Noch wäre es Zeit gewesen, zurück zu treten. Es sollte nicht geschehen. Ich ließ mich beschwichtigen. Am 29sten November war meine eheliche Einsegnung durch den Prediger Agricola[107] von der Sophienkirche in Berlin und mit diesem Tage war es mit allen von Jugend auf genährten schönen Träumen von ehelicher Glückseligkeit auf immer dahin. Nicht einmal die Süßigkeit der Flitterwochen, von denen wohl auch die am unglücklichsten Verheirateten sprechen, habe ich gekostet. Doch nichts weiter davon. Ein dickes Buch könnte ich über mein eheliches Leben schreiben. - Am 9ten n[ach] Trin[itatis] wurde die Gedächtnißpredigt auf den am 19ten Julius erfolgten Tod der allgemein geliebten Königin Luise über Jes[aja] 55,8.9 gehalten.

1811. In diesem Jahr legten wir Prediger die schmalen Mäntel ab, und die neu verordnete Amtstracht an, Talar und Baret. Der König bewilligte dazu 18 Thaler aus der Kirchenkasse. - Ich erhielt ohne zu erfahren, wie ich eigentlich dazu kam, von der Königl[ichen] Regierung den Auftrag, den zum Küster und Schullehrer zu Vehlen präsentirten Seminaristen Voigt förmlich zu prüfen und darüber zu berichten.

[211] Er erhielt die Stelle. - Am 16ten November erlitt ich durch den Tod meines geliebten Stiefvaters Zerrenner, den schmerzlichsten Verlust. Welch ein theilnehmender Freund war er mir nicht, besonders bey meinen häuslichen Leiden! - Am 3ten October wurde mir meine geliebte Tochter Pauline Henriette Elisabeth gebohren.

1812[108]. Das Pfarrhaus wurde reparirt, eine Schulstube, auf 60 Kinder berechnet, an das Schulhaus angebaut. - Am 28sten December wurde mein geliebter Sohn Johann Wilhelm Hermann gebohren.

1813. Zu dem häuslichen Elend gesellte sich ein öffentliches. Der Krieg erneuerte sich gegen die Franzosen. Beim Ausmarsch der Truppen wurde über Joel 2,21 gepredigt. - Viel Geld und Naturallieferungen wurden gefordert, am lästigsten waren die häufigen Einquartirungen, die sich, außer Januar, Mai und November, in allen Monaten einfanden. Im Februar hatte ich auf ein Mal mehrere Tage lang 13 italiänische und einen franz[ösischen] Ofizier nebst Maitresse (!) zu bewirthen. Im Februar und März hatte ich Russen, besonders Kosacken; im Junius und Julius, während des Waffenstillstands, Preußen; im August Preußen und Schweden, unter welchen ein schwedischer Feldprediger; im October Preußen, Kosacken, Kalmücken; im December Preußen. Wie hart belegt waren nicht alle Bauerngehöfte! Ein bösartiges Fieber

---

107 Johann Gottfried Rudolf Agricola (1762-1823), 1802-1825 P. an Sophien, K. Berlin Stadt III; F.
108 [201: Anmerkung am rechtem Rand oben] *Die Reparatur des Kirchturms [?] 1812 kostet 223 Thaler, 13 Groschen, 4 Pfennig. Dazu gaben die eingestandenen Unterthanen 157 Thaler, 1 Groschen, 2 Pfennig, Bey dem Conpatron eingekommen 'S[umma] 22 [Thaler] 4 [Groschen] - Der Königl. Patronats Beytrag ist 44 [Thaler] 8 [Groschen] 2 [Pfennig] [zs.] 223 [Thaler] 13 [Groschen] 4 [Pfennig]. Die Reparatur des Turms und der Kirche im Jahr 1811 kostete 104 Thaler ... 2 Pfennig. Die Kirche ist 60 Fuß lang, 36 Fuß breit, 22 Fuß im Lichte hoch* [Bei dem Maß von 1 preuß. Fuß = 31,385 cm, wäre die Kirche 18,83 m lang, 11,30 m breit, 6,91 m hoch].

entstand und raffte viele meiner Gemeineglieder hin. – Die Angst, in die uns die Schlacht bey Groß-Beeren am 23sten August versetzte, werde ich nicht vergessen.[109] Man konnte das Kleingewehrfeuer hören. Gott wandte von uns und Berlin das drohende Unglück gnädig ab. Auch die Schlacht bei Dennewitz[110], den 6ten September, ward genommen. Schon am 14ten [Sonntag post] Trin[itatis] wurde wegen Groß Görschen[111] [212] eine Siegespredigt gehalten (obgleich der Sieg zweifelhaft blieb) über Ps[alm] 94,12-15. – Ich ließ in diesem Jahr zweyerley drucken. Erstlich einen Aufsatz: »Über die in manchen Stadt- und Landschulen herschende Zeitverschwendung«, in dem gemeinnützigen Magazin für Stadt- und Landprediger von Dapp[112], Band VI, Stück 3, p[agina] 76-100, zum anderen eine kleine Schrift, um die von meinem Freunde Schmid erfundene Zeichenlehrmethode bekannter zu machen, unter dem Titel: »Über Herrn Peter Schmid's Zeichenmethode, für alle, die sich mit den Grundsätzen derselben in der Kürze bekant machen wollen. Nebst einer Lebensbeschreibung ihres Erfinders« von C[hristoph] G[erhard] W[ilhelm] R[itter]r. Berlin Nicolai 1813. 50 S[chilling] 6 Gr[oschen] c[on]f[eratur] unter anderem eine sehr weitläufige und ermunternde Recension in Gutsmuths neuer pädag[ogischer] Bibliothek[113]. Jahrgang 1814 und 15. B[d.] I. Stück 1-4. S[eite] 45.) Im Jahr 1831 wurde die kleine Schrift zum zweyten Male aufgelegt.

1814. Auch in diesem Jahre war der Noth genug. Im Jul[ius] und Aug[ust] viel russische Einquartierung, einmal 16 Mann zu einer Zeit. Zur Dankfeier für den Einzug der Verbündeten in Paris (31 März) wurde am S[onntag] Misericord[ias] Dom[ini] über Ps[alm] 77,14-16 gepredigt. Am 7ten August hielt der König mit seinen Garden einen überaus prächtigen Einzug in Berlin, wobey die ausgesuchtesten Feierlichkeiten. – Das Unglück in meinem ehelichen Leben war aufs höchste gestiegen. Ich sah nur Rettung in der Scheidung und doch konnte ich mich zu diesem Schritt nicht entschließen. Wer meine Lage kannte, rieth, nicht zu zaudern. Der theilnehmende Propst Hanstein, dem ich mich entdeckte, und den ich um Rath gebeten hatte, schrieb mir unter 1ten Februar 1814: ... *Darum muß ich Sie, guter Bruder, dessen Geist und Herz eines ganz anderen* [213] – *Schicksals würdig ist, bedauern, so lange ich Sie in diesem unseligen Verhältniß weiß. Es bald zu lösen, wird in der That ihre erste Hauptsorge seyn müssen, und selbst dem Amte und ihrer Gemeinde werden sie*

---

109 [201: Anmerkung linker Seitenrand unten:] *Die Franzosen unter Oudinot* [Charles Nicolas Oudinot, Herzog von Reggio (1767-1847) seit 1809 franz. Marschall], *die Nordarmee unter damaligem Kronprinzen von Schweden* [...] *besonders that Bülow Wunder* [zu ergänzen: Karl Johann (Jean Baptiste Bernadotte), der Schweden als Karl XIV. von 1818-1844 regierte].
110 Dorf 6 km südwestl. Jüterbog. Der franz. Marschall Michel Ney (1769-1815) Herzog von Elchingen, Fürst von der Moskwa] wurde hier von der Nordarmee der Alliierten unter F.W. Bülow u. F. Graf von Tauentzien vollständig geschlagen (6.9.1813).
111 Gemeinde im Landkreis Weißenfels, Sachsen-Anh. In der Schlacht bei Großgörschen (auch Schlacht bei Lützen) unterlag am 2.5.1813 das preuß.-russ. Heer unter P. Graf von Sayn-Wittgenstein der Armee Napoleons. Der Rückzug der Verbündeten lieferte Napoleon Sachsen und die Elblinie aus. Generalmajor G.J.P. Scharnhorst wurde schwer verwundet († Prag 28.6.1813).
112 Raymund Dapp (1744-1819), *Gemeinnütziges Magazin für Prediger auf dem Lande und in kleinen Städten*, Berlin 1793-1817.
113 *Neue Bibliothek für Pädagogik*, hrsg. von Johann Christoph Friedrich Guts Muths, Leipzig 1808f.

es schuldig seyn, und nicht bloß Ihrem Herzen und Ihrem Leben. Gott gebe Ihnen den Geist der Mäßigung und Duldung bis alles vollendet ist und bereite Ihnen dann den Lohn, der treuen, ausharrenden Duldern zu Theil wird usw. Nach Anwendung aller milderen Mittel zur Verbesserung der obwaltenden Verhältnisse und da selbst endlich mein und meiner Kinder Leben in Gefahr gerieth, und sich nirgends ein anderer Ausweg zur Rettung finden ließ, entschloß ich mich nach den schmerzlichsten Kämpfen mit mir selbst, am 21sten Sept[ember] die Klage auf Scheidung einzureichen.

1815. Am 26sten Febr. führte ich auf Befehl an die Stelle des verstorbenen Küsters und Schullehrers Busack, dessen Sohn in das Amt seines Vaters ein.

Am 7ten [Sonntag] p[ost] Trin[itatis] wurde ein Siegesdankfest nach der Schlacht bey Genappe (18 Jun[ius])[114] gefeiert. Der Text war Ps[alm] 118, 14-16. – Am 10ten August erfolgte die richterliche Scheidung. Die Verklagte wurde für den allein schuldigen Theil erklärt; sie mußte auf Verlangen des Klägers demselben beyde Kinder zur alleinigen Pflege und Erziehung überlassen, auf alle Alimente verzichten und es dem Kläger anheim stellen, was er in dieser Hinsicht aus eigenem Gefühl zu thun geneigt seyn möchte; der Kläger leistete dagegen auf jede Ehestandsstrafe Verzicht, verpflichtete sich alles Eingebrachte herauszugeben und die Prozeßkosten zu bestreiten. Die in meinem vierjährigen Eheleben gemachten so traurigen Erfahrungen verscheuchten die Gedanken an jede anderweitige Verbindung.

[214] Ich nahm eine nahe Verwandte, eine Schwägerin von mir zur Erziehung in mein Haus; den Unterricht besorgte ich selbst bis zum Abgang meines Sohnes nach Berlin, wo er das Joachimsthalsche Gymnasium besuchte, und gottlob sie sind groß geworden und haben mir bisher alle Freude gemacht. – Im November hatte ich noch 8 russ[ische] Ofiziere im Hause.

1816. Auch dieses Jahr begann mit Einquartirung. – Juli - August machte ich mit meinen beyden Brüdern eine Reise nach Dresden und in die sächsische Schweiz. – Am 4t[en] Juli wurde die Gedächtnisfeier der 1813 und 1814 gefallenen Krieger gehalten, über 1 Macc[abäer] 9,10 und Jac[obus] 5,11. Schon am Krönungsfeste, den 18ten Jan. war über Eph[eser] 3,20.21 die Friedenspredigt nach dem beendigten Kriege mit den Franzosen gehalten worden.

1817. Ich machte der König[lichen] Regierung eine Vorstellung zur Anschaffung einer Thurmuhr für hiesigen Ort. Die Bitte wurde erhört. Die Gemeine brachte 66 R[eichs]th[ale]r zusammen. Die Regierung gab 246 Thaler, 4 Groschen. Der Uhrmacher Möllinger bekam 259 Thaler, 16 Groschen, der Zimmermann für Ausfertigung des Uhrhauses 52 Thaler, 12 Groschen, die ganzen Kosten betrugen so 312

---

114 Stadt im wallonischen Teil der Provinz Brabant, Belgien. Die Schlacht fand in der Nacht nach Waterloo statt; vgl. Karl Bädeker, *Belgien und Holland nebst Luxemburg. Handbuch für Reisende*, 25. Aufl., Leipzig 1914, S. 109: *In der Nacht wurde noch Genappe genommen, wobei Napoleons Reisewagen erbeutet ward. Erst bei Frasnes, fast 20 km südl. von Belle-Alliance, endigte am Morgen die durch Gneisenau geleitete unermüdliche Verfolgung, nachdem sich das französische Heer bis auf geringe Reste aufgelöst hatte.*

Thaler, 4 Groschen. Am 3ten Aug[ust], am Geburtstage des Königs ließ ich die Uhr zum ersten Male schlagen. – Im August machte ich auf einige Tage nach Freienwalde, Neustadt und Wriezen. Auf dem Rückwege lernte ich eine Jüdin, Demois[elle] Henr[iette] Löwenheim aus Stargard kennen, die hernach von mir die christl[iche] Taufe begehrte. Schon ganz als Christin erzogen und wohl unterrichtet, konnte sie derselben bald theilhaftig werden. Ich taufte sie am 31. Aug[ust] 1817. – Synodalzusammenkünfte. Die Prediger wurden angeordnet; sie gingen aber bald wieder ein. Auch die Predigerlesegesellschaft. – Ich hatte das große Glück das dreihundertjährige Reformations Jubiläum zu erleben. Ich hielt an den vorgesehenen drey Sonntagen Vorbereitungspredigten auf dasselbe. Am Jubelfeste selbst, den 31. Oct[ober] 1817 wurde über Röm[er] 13,12; und am zweyten Tage des Festes die Schulpredigt über Luc[as] 2,52 gepredigt. Am 3ten Tage [215] wurde in allen drei Kirchen das heil. Abendmahl feierlich begangen. – In diesem Jahre wurde am letzten Trinitatissonntage zum ersten Male das Todtenfest gefeiert. – Am 21sten December wurde die Gedächtnißtafel der im Kriege Gefallenen eingeweiht und in der Kirche aufgehängt. Wilmersdorf hatte 7, Schmargendorf 2, Dalem 1 zu betrauern.

1818. Ich machte mit meinem Bruder Johannes eine Reise über Köthen, Bernburg, Alexisbad, Gernrode, Ilefeld [Ilfeld], Nordhausen usw. nach Duderstadt, zu meiner an den Ober Amtmann Kramer verheiratheten Schwester; auch sah ich Göttingen, lernte Blumenbach[115] u.a. kennen. Der Weg ging über Walkenried, Elbingerode, Blankenburg, Quedlinburg, Dessau und Wörlitz zurück.

1819 und 1820. Aus diesen Jahren ist nichts bedeutendes zu erwähnen.

1821. In diesem Jahre starb der gute Propst Hanstein. Seine Superintendentengeschäfte übernahm Sup[erintendent] Pelkmann.[116] – Im Jul. und August reiste ich mit meinem Bruder Albert über Leipzig, Naumburg, Weimar, Gotha, Erfurt, Fulda, Hanau nach Frankfurt a.M. Von da zu Wacker nach Mainz und den Rhein hinunter bis Coblenz, von da über Bad Ems, Nassau, Schlangenbad, Schwalbach und Wiesbaden nach Frankfurt zurück. Der Rückweg ging über Gießen, Marburg, Cassel, Göttingen, Clausthal, Goslar, Braunschweig, Helmstädt, Magdeburg.

1822. Am 16ten Nov[ember] wurde das 25jährige Regierungsjubiläum unseres geliebten Königs gefeiert.

1823. Am 15ten Junius hielt Superint[endent] Pelkmann Kirchenvisitation; die zweyte überhaupt, so lange ich im Amte bin. – Auch wurde im Junius eine bedeutende Reparatur des Pfarrhauses vorgenommen. Es wurde ganz neu geschwellt; auch bekam es große Scheiben, doch nur auf der Nordseite. –

[216] Vom 19ten August bis 16 Sept[ember] machte ich mit meinen Brüdern Johannes und Carl eine Reise nach Schlesien und Böhmen. Der Weg ging über Frankfurt a.d.O., Liegnitz, Jaur, Striegau, Freyburg, Fürstenstein, Salzbrunn, Alten-

---

115 Johann Friedrich Blumenbach (1752-1840), Naturforscher, Professor d. Medizin in Göttingen.
116 Friedrich Samuel Pelkmann (1772-1843), Univ. Halle, 1800 Feldpred. im Inf.Rgt. v. Winning in Berlin, 1806 Hilfspred. an Petri ebd., 1807 Diak. ebd., 1808 Archidiak. ebd., 1811-1843 zugl. Sup. ebd.; *F.*

stein, Waldenburg, Landshut, Schmiedeberg, Hirschberg nach Warmbrunn; von hier reisten wir über den ganzen Kamm des Riesengebirges, am 31. Aug[ust] waren wir auf der Schneekoppe; dann ging es nach Adersbach, dann über Zittau, Herrnhut, Leitmeritz, Teplitz, Außig und Dresden zurück. – In diesem Jahre gab ich ein Buch in Druck, unter dem Titel: »Lesestunden. Erzählungen für Kinder zur Beförderung guter Gesinnungen und zur Schärfung des Verstandes, nebst Materialien zu Unterhaltungen über dieselben. Ein Hilfsbuch für Ältern und Lehrer, besonders für solche, deren Kinder oder Schüler den brandenburgischen Kinderfreund von Wilmsen[117] in Händen haben«. Von Ch[ristoph] G[eorg] W[ilhelm] Ritter, evangel[ischer] Pred[iger] zu W[ilmersdorf] S[chmargendorf] und D[alem] Berlin bey Nauck 1823. 18 und 12 Groschen. 324 S. (recens. z.B. in Allgem[eines] Repertorium der neuesten ausl[ändischen] und inländischen Literatur für 1823. L[ei]pz[ig] B[and] IV. Stück 3, p[agina] 231 und eine zweyte Recension daselbst (sonderbar genug) B[and] IV, Stück 1, p[agina] 5. ferner in Seebeck[?] pädagogische Blätter etc.).

1824. Im Aug[ust] dieses Jahres nahm meine gute Schwester meine Tochter Pauline auf einige Jahre zur weiteren Ausbildung nach Dannenberg zu sich und ich brachte meinen Sohn Hermann im November auf das Joachimsthalsche Gymnasium nach Berlin. – Die unseligen Agendenstreitigkeiten nahmen ihren Anfang.

1825. Am 18ten Jun[ius] schenkte S[eine] Majestät der König allen 3 Kirchen Prachtausgaben der Agenden zu fleißigem Gebrauch. [217] Im Junius machte ich eine Reise auf 8 Tage nach Hamburg.

1826. Sup[erintendent] Pelkmann gab seine Superintendentur an den nach Dreskes Tode in Charlottenburg angestellten Sup[erintendent] D[octor] Mann[118] ab. Ich assistirte bey der Einführung desselben am 11ten Junius bey welcher auch der König gegenwärtig war.

1827. Mein bisheriger Pächter Mählitz hatte sich ein Haus gebaut und mir die Zeitpacht aufgekündigt. Ich gab den Acker dem Bauern Joh[annes] Blisse auf 6 Jahre von Martini 1827-33 in Pacht. Ich gewann durch diese Veränderung mehr Ruhe im Hause und eine Stube und Kammer. Der Kirchthurm in W[ilmersdorf] wurde reparirt und statt der Ziegeln mit Schiefer gedeckt. Der Bau kostete ohne das Holz aus den königl[ichen] Forsten zu rechnen, 233 Thaler, 2 Groschen, 7 Pfennig. Der Schieferdecker erhielt 166 Thaler. 16 Groschen. – Am 2ten September hatte ich die Ehre und das Glück Sn. Majestät den König, Friedrich Wilhelm III. in die Kirche zu Dalem zu führen und über mancherley von ihm befragt zu werden. – Am 29ten Sept[ember] kehrte meine Tochter von Dannenberg zu mir zurück.

---

117 Friedrich Wilhelm Wilmsen (1770-1831), Theologe. Der Brandenburgische [später Deutsche] Kinderfreund erlebte 121 Auflagen zu je 5000 Exemplaren, 1852 erschien die 198. Auflage bei Reimer in Berlin. – M. Sydow, in: *ADB*, Bd. 45, S. 309-311.
118 Dr. Friedrich Theodor Mann (1780-1853), Univ. Halle, 1808 P. in Bln.-Stralau, 1815 Brigadepred. in Bln, 1817 Sup. u. Oberpfr. in Strausberg, 1825 Oberpfr. an Luisen in Bln.-Charlottenburg, K. Friedrichswerder II, 1829-1853 zugl. Sup. ebd.; F.

1828. Dieses Jahr war mir besonders wegen der Zusammenkunft der Naturforscher in Berlin im Monat September merkwürdig, bey welcher Gelegenheit ich viele ausgezeichnete fremde Gelehrte kennen lernte z.B. Oken[119], Gauß[120], Bötticher[121] etc. und viele ihrer Vorlesungen mit anhörte.

1829. Vom 1ten bis 22 Sept[ember] machte ich mit meinem Bruder Carl und dessen Frau, eine Reise nach Thüringen, über Halle (das ich zum ersten Mal nach meinen Universitätsjahren wieder sah und wo ich bey Gesenius[122], Ullmann[123], Marks[124] usw. hospitierte) Magdeburg, Naumburg, Jena, Rudolstadt, Schwarzburg, Paulinzella, Weimar, Gotha, Schnepfenthal, Eisenach zur Wartburg. Hier trennten wir uns, mein Bruder ging nach Heidelberg, ich [218] kehrte über Gotha, Arnstadt, Erfurt und Leipzig zurück. – Ich schrieb einen Versuch eines biblischen Exempelbuchs, es bleibt im Manuscript und unvollkommen. – Ich erhielt unterm 21sten August von der Königl[ichen] Regierung eine Aufforderung, mich zu erklären, ob ich in Fällen der dringensten Noth oder des plötzlichen Absterbens des Superintendenten dessen Geschäfte sofort versehen wolle. Ich erklärte mich dazu bereit. – Das Benecksche Gut verkaufte Professor Holweg an den Banquier Friebe.

1830. In dieses Jahr (25 Jun[ius]) fiel das Jubelfest der Übergabe der Augsb[urger] Confession. So sehr ich mich auf das Fest gefreut und mancherley Pläne zur Verherrlichung desselben gemacht hatte, so sollte ich es doch nicht persönlich mit meinen Gemeinden feiern. Ein Wechselfieber hielt mich davon ab. Ich mußte in W[ilmersdorf] einen Candidaten für mich predigen lassen und in den Filialen ließ ich eine von mir geschriebene Predigt über Matth[äus] 10,32.33 ablesen. – Sup[erintendent] Mann veranstaltete Synodalzusammenkünfte in Charlottenburg, Köpenick, und Lichtenrade. Damit hörte die Sache wieder auf. Mit Einrichtung eines Lesevereins wards auch nichts.

1831. Schmargendorf bekam einen neuen Thurm. – Im September fand sich die cholera morbus[125] ein und setzte alles in Furcht und Schrecken. Gesundheitscomissionen wurden auf jedem Dorfe und auch bey uns eingerichtet, Heilaparate angeschafft, Cholerakirchhöfe eingerichtet (auch in W[ilmersdorf]) usw. Wilmersdorf verlohr 3 Personen an dieser Seuche. In den Filialen starb keiner daran.

1832. Am 21 Febr[uar] hielt Sup[erintendent] Mann in Wilmersdorf und Schmargendorf eine Schulvisitation; zur Kirchenvisitation kam es nicht. – Auf dem Kirchthurm zu Dalem ward der Telegraph errichtet, welches anfangs für den Gottesdienst einige Störungen verursachte.

---

119 Lorenz Oken (1797-1851), Naturforscher u. Philosoph.
120 Friedrich Gauß (1777-1855) Mathematiker u. Astronom.
121 Johann Friedrich Wilhelm Bötticher (*1798), Dr. phil., seit 1824 Professor am Königl. Friedrich-Wilhelms-Gymnasium; Gelehrtes Berlin [wie Anm. 90].
122 Wilhelm Gesenius (1786-1842), Alttestamentler, Begründer der modernen hebräischen Sprachwissenschaft u. d. semitischen Epigraphik.
123 Karl Ullmann (1796-1865), Kirchenhistoriker, Mitbegr. Theologische Studien und Kritiken.
124 Benj. Ad. Marks, Professor d. Homiletik in Halle.
125 Erste europäische Cholera-Pandemie. Zu den Opfern zählten u.a. Neidhardt von Gneisenau (23.8), G.W.F. Hegel (14.11), C. v. Clausewitz (16.11.).

[219] 1833. Ich verpachtete die hiesigen Äcker von neuem auf 6 Jahre an Joh[annes] Blisse, an Martini 1833-1839. – Neue Anträge zu Synodalversammlungen wurden gemacht und eine auch in Tempelhof gehalten. Ich und einige andere Synodalen nahmen keinen Theil daran, da diese Sache doch nicht von Bestand ist und immer wieder in sich selbst zerfällt, wie die Erfahrung schon mehrmals gezeigt hat. – In diesem Jahre wurde das Getreide-Deputat der Pfarre (9 Scheffel 8 Maßen Roggen und 9 Scheffel 8 Maßen Gerste) und der Küsterstelle (7 Scheffel 11 Maßen Roggen), welches bisher vom Königl[ichen] Rentamt in natura zu geben war, in eine bare Geldzahlung für einige Zeiten verwandelt und drüber ein Receß angefertigt. Das Korn nach dem mittleren Martini Marktpreis bezahlt. –

Die Kirche in Wilmersdorf am 27. April 1834.

1834. Abermals durch Gottes Gnade ein Jahr in Gesundheit verlebt! Wie innig danke ich dem allgütigen dafür! Gleich der Anfang des Jahres brachte mir große Freude. Am 17ten Januar erhielt ich die Nachricht von einer festen Anstellung meines einzigen geliebten Sohnes Hermann. Er war seit dem 20sten Nov[ember] 1829 als Eleve in der Registratur des Ministerii der Geistl[ichen] und Medicinal Angelegenheiten beschäftigt gewesen. Nachdem er seinen einjährigen Militärdienst unter den

Gardeschützen abgemacht hatte, stellte ihn S[ei]n[e] Excellenz der H[err] Minister v. Altenstein als Sekretär in dem Bureau der Regierungsbevollmächtigten bey der Universität in Berlin mit 400 Thalern Gehalt und mit dem Versprechen, weiterhin für ihn zu sorgen, an. Wahrlich, ein großes Glück, für den 21jährigen Jüngling sowohl, als für mich. Wie viele Jahre würden nicht darüber hingegangen seyn, ehe er zu einer solchen Einnahme gekommen wäre, wenn ich ihn hätte studiren lassen. Wie dankbar bin ich der göttl[ichen] Vorsehung, die auch hier alles so gut fügte! –

[220] Auch in diesem Jahre erwachte die Reiselust in mir. Ich ging am 19ten Julius über Dresden nach Teplitz; von da über Leitmeritz und Theresienstadt nach Prag, und von da nach Carlsbad; von hier über Zwickau, Schneeberg, Altenburg und Leipzig zurück nach Haus, wo ich den 11ten August wohlbehalten wieder ankam. Nichts weiter von dieser schönen Reise! Merkwürdig war die ganz ungewöhnliche fast unerträgliche Hitze dieses Sommers, wovon ich besonders in Prag viel auszustehen hatte.

1835. Mit Gottes Hilfe und unter seinem väterlichen Schutze wieder ein Jahr glücklich und gesund mit den Meinigen durchlebt! Gott sey dafür innig gepriesen! Die Beschwerden des Alters melden sich zwar, doch sind sie immer noch zu ertragen. Manche meiner alten Freunde gingen in diesem Jahre in die Ewigkeit hinüber z.B. Commerzienrath Krage[126] und Doctor Ziegler aus Quedlinburg, Professor Levezow in Berlin usw. –

In diesem Jahre wurde das Pfarrhaus, nebst Stallgebäude und Scheune reparirt. Der ganze Sommer ging fast darüber hin. Der ganze Abendgiebel wurde freylich ganz neu ausgeführt; die Stube links am Eingange neu gedielt, die Fenster in der Hinterstube neu gemacht, ein neuer Brunnen gesetzt, das Dach ganz neu gedeckt usw. Die Kosten betrugen 341 Thaler, 16 Groschen, 5 Pfennig. (Beytrag der Gemeinden 270 Thaler, 5 Groschen, 8 Pfennig. Patronatsbeytrag 71 Thaler, 10 Groschen, 9 Pfennig). –

Am 15ten October hielt Superintendent Mann aus Charlottenburg eine Schulvisitation in Wilmersdorf und Schmargendorf. –

Am 11ten November gegen 2 Uhr Morgens versuchte ein Kerl mich durch Einbruch zu berauben. Er war durch das Zerbrechen einer Scheibe eines Flügels und vorsichtiges Abnehmen und Beyseitesetzen des Ladens des Fensters, das auf den [221] Kirchhof hinausgeht, eingestiegen, war beyde Kammern, in denen er aber nichts als Bücher sah, durchwandert und stand in der geöffneten Thür meiner Stube, zwey kleine Schritt vor meinem Schlafsopha, als ich glücklicher Weise durch das leise Geräusch meiner Landkarte, die an der Tür hing, erweckt wurde. Durch lautes, hastiges und besorgtes Aufschreien erschreckt, begab sich der Kerl sogleich wieder auf den Rückweg und ich kam, ohne allen Verlust, mit dem Schrecken davon. Schon unter meinem Vorgänger Kutzbach war durch das Einstoßen eines Fachs von derselben Seite eingebrochen worden. Er verlor dadurch die gerade in der Kammer zum Trocknen aufgehängte Wäsche.

---

126 Krage (†1835), Kommerzienrat, Fabrikant; *DBI*.

1836. Preis dem Höchsten für das verflossene Jahr! Die Schwächen des herannahenden Alters wurden zwar merklicher, bleiben doch aber immer erträglich. Viel, unendlich viel und unverdientes Gute in Amt und Familie wurde mir zu Theil. Darum Preis und Dank dem Allmächtigen! - Die ganze Synode kam in diesem Jahre 3 Mal zusammen, zwey Mal in Steglitz und ein Mal im neuen Krug bey Köpenick. Da sich in der ersten Synode (26 Mai zu Steglitz) eine pietistisch-mystische Richtung, besonders bey einigen in dieser Zeit der abermals hereinbrechenden Dunkelheit gebildeten jüngeren Prediger offenbare und sie sich sehr intolerant und absprechend bewiesen, so setzte ich in einem vertraulichen Sendschreiben an die ganze Synode meine Ansichten und Grundsätze über mancherley besprochene Punkte auseinander, gab mein Mißfallen über die einseitige Richtung, die sich geltend machen zu wollen schiene, zu erkennen und bat, mich von den Versammlungen zurückziehen zu dürfen. Auch nahm ich an der 2ten Synode nicht Theil.

Die Gutachten Einzelner über meine Äußerungen [224] [Die Seiten 222-223 enthalten keinen Text] und ein von der ganzen Synode an mich gerichtetes Antwortschreiben, das mich befriedigte, söhnte mich wieder mit derselben aus und ich besuchte die dritte Zusammenkunft wieder (zu Steglitz den 31 August). In den Pfarrakten ist die ganze Correspondenz, nebst meinem darauf Bezug nehmenden Brief des Herrn von Beyme zu finden. - Die Königl[ichen] Regierung hatte mir schon im vorigen Jahre das Holz zu einem neuen Gitter an dem Pfarrhause geschenkt. Erst in diesem wurde es gemacht. Das Schneiden des Holzes und der Zimmermannslohn betrug 28 Thaler, 22 Silbergroschen. Das Stakat, das ich bey meinem Amtsantritt 1809 hatte anfertigen lassen, kostete mich, inclus. des Holzes, nur 12 Silbergroschen! - Da Herr Friebe mir 100 Thaler zur Anschaffung einer Orgel eingehändigt hatte, so bot ich alles auf, der Kirche zu einem solchen Instrumente, das uns so wünschenswerth ist, zu verhelfen. Allein unzählige Hindernisse zeigten sich. Möchte es mir in den folgenden Jahren gelingen, das Werk zu Ende zu bringen! Vielleicht möchte dann auch die Einführung des neuen Gesangbuches und eine neue Vertheilung der Plätze in der Kirche, die ein dringendes Bedürfniß ist, bewirkt werden können. Doch jetzt sind das alles noch pia desideria, deren Erfüllung noch manchen Kampf kosten wird. - In diesem Jahre besorgte ich die Amtsgeschäfte für den Prediger Mulzer[127], den ein Schlagfluß gelähmt hatte, nemlich für Steglitz, mit Ausnahme der Predigten. Nur an Communionstagen predigte ich daselbst auch.

1837. Auch die kurzen Berichte über dies Jahr muß ich mit demüthigem Danke gegen Gott beginnen, denn seine Gnade und Barmherzigkeit waltete auch in diesem Jahre über mir und den Meinigen. Ob ich gleich mehr als sonst an Hämorrhoidalbeschwerden, gegen welche ich vergeblich eine Eichzapfenkur gebrauchte, zu leiden hatte, so blieb ich doch wie alle Glieder meiner Familie von jeder bedeutenden

---

127 Georg Wilhelm Mulzer (1777-1841), Univ. Halle, ord. 18.11.1810, 1810-1840 Pred. in Giesensdorf, K. Kölln-Land I [1877 wurde Giesensdorf mit Lichterfelde zur Gemeinde Großlichterfelde zusammengeschlossen, heute Steglitz], emerit. 1840; *F.*

Krankheit, namentlich von der Cholera verschont, die [225] nach 6 Jahren zum zweyten Male, im August d[ieses] J[ahres] in Berlin fast verwüstender, als 1831, auftrat und in Preußen, Schlesien und fast allen Provinzen der Monarchie wüthete. Furcht und Schrecken vor diesem Übel war aber im Allgemeinen viel geringer, als früher. In der ersten Woche, vom 22 bis 29 Aug[ust] erkrankten zu Berlin 775 und starben 399; in der zweyten Woche erkrankten 621 und starben 388; in der dritten Woche erkrankten 471 und starben 237; in der vierten Woche, vom 12-19 Sept[ember] zählte man 544 Kranke und 327 Todte etc.[128] - Viele Todesfälle von Freunden und Bekannten erinnerten mich in diesem Jahr daran, daß wir hier keine bleibende Statt haben, sondern die zukünftige suchen. So starben z.B. Prediger Gebauer[129], ehemaliger Lehrer meiner Kinder; mein alter Gönner, der Präsident von Scheve[130]; Professor Barby[131], mein ehemaliger Kollege; Prof[essor] Kuhfahl[132], Director Köpke[133]; mein vieljähriger Freund, Commissionsrath Gädicke[134]; Oberförster Fintelmann[135], Prof[essor] Ilgen[136] usw. Madam Otto[137] früher Erzieherin meiner Kinder; Frau Pred[iger] Grunow[138] usw. - Zwey Synodelversammlungen wurden gehalten, die eine, 5 Jul[ius] in Charlottenburg; die andere, 16 August in Steglitz. - Im December wurde mein Sohn von S[ei]n[er] Majestät, dem König, zum Lieutenant beym 2ten Landwehr Garderegiment ernannt. - Mein guter Bruder Carl in Berlin, machte in diesem

---

128 Bei den Tunnelarbeiten am Lehrter Bahnhof im Bezirk Tiergarten fand man im Frühjahr 1997 rund 500 Gebeine von Berlinern, Opfer einer Seuche aus der ersten Hälfte des vorigen Jahrhunderts. Sie wurden auf den Friedhof in Stahnsdorf erneut beigesetzt. Aus diesem Anlaß fand am 11.9.1997 um 14.00 Uhr eine interkonfessionelle Trauerfeier statt, an dem Vertreter der evangelischen Kirche [Generalsup. Martin-Michael Passauer], des Bistums Berlin [Monsignore Michael Töpel] und der jüdischen Gemeinde [Oberkantor Estrongo Nachama] teilnahmen. Es spielte der Bläserkreis der Auenkirche unter der Leitung ihres Kantors Jörg Strodthoff. - Vermutlich sich hierbei um einen Teil der Massengräber [Cholerafriedhöfe] der an der Epidemie Verstorbenen. Nach Ritters Angaben verstarben allein in den ersten vier Monaten des Jahres 1837: 1.385 Personen. - z.St.: Sonja Boerdner, *Identität der Gebeine vom Lehrter Bahnhof ungeklärt*, in: *Die Welt* vom 11.9.1997; Kai Ritzmann, *Letzte Ruhe nach 100 Jahren. 500 Berliner Seuchenopfer in Stahnsdorf beerdigt*, in: *Berliner Morgenpost*, vom 12.9.1997.
129 Karl Eduard Gebauer (1800-1837), Univ. Halle, Berlin, Pred. in Dechsel, K. Landsberg I. - †29.4.1837 im 37. Lebensjahr; *VZ*, 5.5.1837, Nr. 103, 2. Beil., sowie *F.*
130 Adolph Friedrich von Scheve, Präsident des Churmärkischen Pupillen-Collegiums, †22.2.1837 im 84. Lebensjahr; *VZ*, 24.2.1837, Nr. 47, Beil.
131 Johann Heinrich Christian Barby (1765-1837), Pädagoge, Altphilologe, Schriftsteller, *DBI*.
132 Otto Christian Friedrich Kuhfahl (1768-1837), Bibliothekar, Professor am Preußischen Cadetten-Institut; *DBI*, sowie *VZ*, 20.4.1837, Nr. 91, Beil. Nekrolog.
133 Köpke, Direktor des Berliner Gymnasiums, Ritter des Roten Adlerordens 3. Klasse mit d. Schleife, †28.6.1837 im 64. Lebensjahr; *VZ* 30.6.1837, Nr. 150, Beil.
134 Johann Christian Gädicke, Großherzoglicher Weimar'scher Commissionsrat, Buchhändler, †21.10.1837 im fast vollendeten 74. Lebensjahre; *VZ*, 24.10.1837, Nr. 249, Beil.
135 Königl. Oberförster Fintelmann, †25.10.1837; *VZ*, 27.10.1837, Nr. 252, Beil.
136 Ernst Konstantin Ilgen (1803-1837), Professor am Königl. Joachimsthalschen Gymnasium, †4.12.1837 im 34. Lebensjahr; *VZ*, 4.12.1837, Nr. 284, 1. Beil., sowie *VZ*, 5.12.1837, Nr. 285, Beil.; vgl. *DBI*.
137 Emilie Otto, geb. Kaumann; *VZ*, 11.2.1837, Nr. 36, Beil.
138 Eleonore Christiane Grunow, geb. Krüger, Tochter d. Geh. Kammergerichtsrats Johann Christian K., †12.2.1837 im 68. Lebensjahr; *VZ*, 15.2.1837, Nr. 39, Beil., sowie *F.*

Jahre eine bedeutende wissenschaftliche Reise. Er ging vom 4 Julius über München nach Triest, von da auf einem Dampfschiff nach Griechenland; von Athen aus machte er Reisen im Peloponnes und nach dem Parnaß, besuchte die meisten griech[ischen] Inseln; ging dann über Smyrna nach Constantinopel und zu Lande zurück über den Balkan nach Rustschuk[139] und Giurgevo, Bukarest und durch Siebenbürgen und Ungarn, durch Pesth nach Wien und wieder zurück.

[226] Die ganze Reise war äußerst glücklich und ganz befriedigend, nur die Rückkehr, die sich wegen der abzuhaltenden Quaranänen sehr verzögerte, war äußerst schrecklich, besonders wegen des so gleich eintretenden und so harten Winters. Welche Angst um den lieben Reisenden bemächtigte sich unser, waren seine Briefe einmal länger als gewöhnlich, ausgeblieben! Doch kam er gesund und wohlbehalten am 5ten Februar 1838 wieder in Berlin an.

1838. Gesund ist dies Jahr, Gott sei Dank, Durchlebtes brachte manche Freude. Ich sehe viele der geliebten Verwandten, die ganze Familie Krahmer aus Posen, Rittmeister Reineck und Frau aus Sarluis [Saarlouis], Hauptmann Zerrenner und Tochter aus Halberstadt, die Wilda aus Calbe etc. Das für mich freudigste Ereigniß war die Verheirathung meines lieben Sohnes Hermann mit Henriette Teichelmann; am 19ten April feierten wir die Hochzeit im englischen Hause zu Berlin; die Trauung vollzog Pred. Couard[140] in der Georgenkirche über Ps[alm] 37,4. – Synoden wurden 4 gehalten, am 15ten Aug[ust], 12ten Sept[ember] und den 10ten October zu Steglitz und den 7ten Nov[ember] zu Groß Beeren bey dem Bruder Schultz. – Während meiner Osterpredigt, am 15ten April, zu Dalem, entstand Feuerlärm, ein Haus brannte ab. – Am 29sten Oct[ober] wurde die Berliner = Potsdamer Eisenbahn eingeweiht; ich sehe den Dampfwagen zum ersten Male am 16ten October in Zehlendorf. – Viele meiner Bekannten und Freunde sind auch in diesem Jahre hinüber gegangen: Commission[srat] Gädicke[141] 68 J[ahre] alt; Prof[essor] Poselger[142]; Cons[istorial] Rath Wagnitz[143] in Halle (83 J[ahre]) für den ich vor 40 Jahren, als Student, predigte; Doctor Salzmann[144], der witzige Speier; Director Brohm[145] in Thorn; geh[eimer] Rath Hart-

---

139 Heute Russe, Gebietshauptstadt in Bulgarien, Donauhafen, Grenzübergang nach Giurgiu, S-Rumänien.
140 Christian Ludwig Couard (1793-1865), seit 1819 P. an St. Georgen, K. Berlin Stadt I.; *F*.
141 Gädicke: vermutlich eine Wiederholung des bereits 1837 Verstorbenen. Vgl. Anm. 134.
142 Friedrich Theodor Poselger (1771-1838), Militär, Professor, Naturwissenschaftler; *ADB* sowie *DBI*.
143 Heinrich Balthasar Wagnitz (1755-1838), Professor für Moraltheologie u. Homiletik in Halle, setzte sich u.a. für Reformen der Strafvollzugs- und psychiatrischen Anstalten ein. – A. Krebs, in: *RGG* 3, Sp. 1506; *DBI*.
144 Binder, Johann Christian, *Karl Salzmann*, in: *ADB*, Bd. 30, S. 303: ... *am 21. April 1838 starb sein Sohn Karl, der eben die ärztliche Praxis angetreten hatte und ausgezeichnet mit reichen Gaben zu den schönsten Hoffnungen berechtigte, und am gleichen Tage, wo die Beerdigung des letzteren stattfand, verschied ein jüngerer Sohn Salzmann's*.
145 Karl Friedrich August Brohm (1779-1838), Professor d. alten Literatur am königl. Gymnasium zu Posen, dann Professor am Berlinisch-Cöllnischen Gymnasium zu Berlin, darauf Dir. des Gymnasiums zu Thorn, †22.5.1838; *DBA*.

mann¹⁴⁶; Prof[essor] Catel¹⁴⁷ (81 [Jahre] alt); Sup[erintendent] Küster¹⁴⁸; Madam Kahlert¹⁴⁹ (76) und besonders mein verehrter Patron von Schmargendorf und Dalem, der Minister und Großkanzler von Beyme; er starb den 8ten Dezember zu Berlin und wurde am 13ten ej[usdem mensis] in das Erbbegräbniß zu Dalem beygesetzt¹⁵⁰; ich hielt an demselben Tage, vor einer großen und vornehmen Versammlung [227] die Gedächtnißpredigt über 2 Chron[ica] 24, 15.16. Das Thema war: wozu uns der Heimgang ausgezeichneter Männer überhaupt und der Tod unseres edlen Vollendeten insbesondere auffordern muß, 1. zu einem tiefen Ernst 2. zu einer frommen Trauer 3. zu einer dankbaren Erinnerung 4. zu einer gläubigen Hoffnung. – Im Oktober bat ich S[ei]n[e] Majestät in einem allerunterthänigsten Schreiben, um eine Beyhülfe zur Anschaffung einer Orgel. Ich erhielt 100 Silberthaler und glaubte nun, daß, da bereits 200 Thaler zu dem Zweck vorhanden sind, die Königl[iche] Regierung auch dazu etwas thun würde; allein ich erhielt leider eine gänzlich verneinende Antwort, s[iehe] das Actenstück in der Pfarregistratur, das ich über diese Angelegenheit angelegt habe. Wie schwer wird es einem doch gemacht, etwas Gutes zu wirken. Was weiter in der Sache geschehen wird, weiß ich noch nicht.

1839. Dem gnädigen Gott danke ich vom Herzen, daß er mir auch dieses Jahr noch geschenkt und mich hat gesund durchleben lassen. Am Schluß desselben litt ich zwar sehr am Andrang des Bluts nach dem Kopf und machte mich vor einem Schlagfluß besorgt. Doch ging alle Gefahr noch glücklich vorüber. Auch die Meinigen blieben, Gott sey gedankt, gesund, bis auf meine gute Schwester, die aber auch wieder hergestellt wurde. Außerdem hatte ich nun Freude in der Familie. Am 4ten September ward mein Sohn Vater; ich Großvater. Meine liebe Schwiegertochter

---

146 Anton Theodor Hartmann (1774-1838), Theologe, Orientalist, Professor, 1813 Theol. Ehren-Dr. Univ. Rostock, 1815 Kons.Rat; *ADB* sowie *DBI*.
147 Samuel Heinrich Catel (1758-1838), Redakteur, Sprachforscher, Prediger, Professor, Schüler von Johann Peter Ermann; *VZ*, 29.6.1838, Nr. 149, Beil. (im 81. Lebensjahr verst.), *ADB* sowie *DBI*.
148 Samuel Christian Gottfried Küster (1762-1838), Univ. Halle, seit 1786 Pred. auf dem Friedrichs-Werder und der Dorotheenstadt, 1797-1838 Sup. ebd. – †22.8.1838 zu Neustadt-Eberswalde im 76. vollendeten Lebensjahre; *VZ*, 8.9.1838, Nr. 210, Beil.; *Gelehrtes Berlin*, S. 143-145 sowie *F*.
149 Sophie Charlotte Kahlert, geb. Schultze; *VZ*, 1838, 29.9.1838, Nr. 228, Beil.
150 [Am linken Rand unten 2 Zeitungsausschnitte mit folgendem Inhalt:] <1> *Inland. Berlin, den 18ten Dezember. Die Beisetzung der Leiche des am 8ten verstorbenen Großkanzlers v. Beyme hat am 13ten d. auf dem Gute Dahlem stattgefunden. Die iridischen Ueberreste des Verstorbenen waren vorher von Berlin nach seinem nahen Gute Steglitz gebracht worden. Hier versammelten sich am Tage der Beisetzung eine große Anzahl angesehener Militair- und Civil-Beamten, so wie viele Gelehrte und persönliche Freunde des Verstorbenen. In dem Saale, wo der Sarg unter Blumen aufgestellt war, hielt der Professor Preuß eine den Verewigten, als Mensch, wie als Staatsmann, charakterisirende Gedächtniß-Rede, worauf der Zug sich nach Dahlem in Bewegung setzte. Dort segnete der Prediger Ritter die Leiche ein, die in der Kirche neben der Ruhestätte der ersten Gemahlin und des Sohnes des Verstorbenen beigesetzt wurde.* – [*VZ*, 18.12.1838, Nr. 296] <2> *Der Großkanzler und wirkliche Geheime Staats-Minister Dr. von Beyme, Ritter des großen Rothen Adler-Ordens und des eisernen Kreuzes am weißen Bande, geboren den 10en Juli 1765 zu Königsberg in der Neumark, ist den 8ten Dezember 1838, Abends 6½ Uhr, in Berlin an Entkräftung gestorben;* vgl. *VZ*, 10.12.1838, Nr. 289.

gebahr den Wilhelm.[151] Er wurde am 26ten Sept[ember] in der Werderschen Kirche von Prediger Brunnemann[152] getauft. Am 25sten Julius verlobte sich Pauline, meines Bruders Albert Tochter, in Frankfurt a.M. mit dem Professor am franz[ösischen] Gymnasium zu Berlin, D. Gustav Krahmer[153]. Die Hochzeit war den 27sten December in F[rankfurt] und am 1ten Januar 1840 kam das junge Ehepaar in Berlin an.

[228] Ein ebenso seltenes, als wichtiges kirchliches Fest wurde in der ganzen Mark am 1ten November begangen, nämlich das dritte Jubelfest der Einführung der Reformation in der Mark Brandenburg. Das Hauptfest war Tags zuvor im September, wo Joachim der zweyte[154] vor 300 [Jahren] zum ersten Male das heil[ige] Abendmahl nach evangel[ischem] Ritus genoß. In Berlin wurde das Fest am 2ten Nov[ember] in allen übrigen Orten aber am 1ten Nov[ember] gefeiert. Der zur Festpredigt vorgeschriebene Text war Joh[annes] XII, 35.36. Auch in meiner Parochie wurde dies Fest mit großer Teilnahme begangen. Zusammenkünfte der Synodalen fanden in diesem Jahre nicht statt. Dem Superintendenten Mann wurde zur Erleichterung seiner Geschäfte, die Aufsicht über die Schule abgenommen und vom Jahr 1840 an, dem Schloßprediger Carus[155] als künftigen Schulinspector, übertragen. – Mein Bruder Johannes war in diesen Jahren in Kopenhagen, mein Bruder Carl durchreiste Oberitalien, die Schweiz und das südliche Frankreich. Mein ganzes Reisen bestand in einer Reise nach Potsdam, 17 Junius und zwar zum ersten Male auf der Eisenbahn. Ich feierte da mit meinen Kindern Geburtstag. – Viele meiner Freunde und Bekannten verlohr ich auch in diesem Jahre durch den Tod; Kriegsrath Behrend[156]; Geh[eimer] Hofrath Friedrich[157]; Professor Hartung[158]; Hofrath Gutsmuth[159], meinen ersten und ältesten Lehrer; Oberst von Huêt[160]; Schloßprediger Küster[161]; Geh[eimer] Just[iz]

---

151 [Zeitungsausschnitt am rechten Rand unten:] *Die heute Abend 9 1/4 erfolgte glückliche Entbindung seiner lieben Frau Henriette, geb. Teichelmann, von einem gesunden Söhnchen, beehrt sich hochgeehrten Gönnern, Bekannten und Freunden, statt besonderer Meldung, ergebenst anzuzeigen. Ritter, Lieutenant u. Sekretär bei dem Königl. Universitäts-Kuratorio. Berlin, am 4. Sept. 1839;* vgl. *VZ,* 7.9.1839, Nr. 209, Beil.
152 Karl Heinrich Brunnemann (1706-1858), 1808 Oberlehrer am Friedrichswerderschen Gymn., 1817 Professor ebd., 1825-1858 P. an Dorotheenst; *F.*
153 Gustav Kramer (1806-1888), 1840-1853 Prof. am franz. Gymnasium in Berlin. 1853 Dir. d. Franckesch. Stiftungen in Halle, zugl. a. o. Prof. d. Theol. a. d. Univ. ebd. – Biograph Carl Ritters: *Karl Ritter. Ein Lebensbild nach seinem handschriftlichen Nachlaß dargest.*, 2Bde., Halle 1864, 2. durchges. u. mit einigen Reisebriefen verm. Ausg. 2.Teile. Halle 1875; vgl. *GV* sowie *DBA*.
154 Joachim II. Hektor, Kurfürst von Brandenburg, trat 1539 zur Reformation über. Am 5.10.1539 nahm er das Abendmahl in beiderlei Gestalt.
155 Ewald Friedrich Sophron Carus (1799-1861), 1827 Diak. u. Rektor in Berlin Köpenick, K. Kölln-Land, 1837 P. a. d. Schloßkirche ebd.; *F.*
156 Behrend, Carl Wilhelm, Kriegsrat im Königl. Kriegsministerium, Ritter des roten Adlerordens 3. Klasse mit der Schleife, †6.2.1839 im 74. Lebensjahr; *VZ,* 11.2.1839, Nr. 35, 2. Beil.
157 Friedrich, Königl. General-Rendant der allgemeinen Witwen-Verpflegungsanstalt, Geh. Hofrat, †10.4.1839 im 69. Lebensjahr; *VZ,* 15.4.1839, Nr. 87, 2. Beil.
158 August [Heinrich August, Johann Friedrich August] Hartung (1762-1839), Professor, Kantor, Lehrer an der Domschule zu Berlin; *DBI.*
159 Johann Christoph Friedrich GutsMuths (1759-1839), Thüringer Philanthrop u. Pädagoge.
160 George Huêt, Königl. Oberst a.D., früher Brigadier der 5. Artillerie-Brigade, †30.7.1839; *VZ,* 3.8.1839.
161 Emil Theodor Ludwig Küster (1765-1839), seit 1818 Schloß-Pfarrer in Berlin-Köpenick; *F.*

Rath Dieterichs[162], Inspector Beuster[163], Prediger Dannroth[164] in Teltow; Frau Prof[essor] Kuhfahl[165], [Frau] Rittmeister Felgentreu[166]; Kammerräthin Götze[167] in Quedlinburg.

1840. Dieses Jahr war so wohl in Hinsicht auf öffentliche, den preußischen Staat angehende Angelegenheiten als auch in Betreff meiner persönlichen und in Privatangelegenheiten, ein wichtiges und merkwürdiges Jahr. [229] Ich referire nur ganz kurz und nach der Zeitfolge die Hauptsachen. – Am 21 Januar predigte ich zur Vakanz in Teltow (desgl[eichen] am 2ten August). Am 11ten März sprach ich Wilda's in Berlin. Am 16ten März hielt H[e]r[r] Carus Schulvisitation. – In der Nacht vom 11ten zum 12ten April starb meine einzige geliebte Schwester Charlotte Kramer an einem nervösen Schleimfieber sanft und ruhig, in Charlottenburg und wurde am Gründonnerstag, den 16ten April daselbst beerdigt. O wie schmerzhaft war uns ihr Verlust! Nie wird das liebevolle Andenken an die gute Schwester bey mir verschwinden! Am 28sten April traf uns ein zweyter harter Schlag. Julie Kramer, die Gattin meines Bruders, des Professors, wurde von einem bösartigen Nervenfieber hingerafft. Noch hatte ich sie am Begräbnißmorgen meiner Schwester blühend, aber auch zum letzten Male gesehen; 14 Tage darauf lag sie im Sarge. Sie wurde am 1 Mai beerdigt. Bald darauf erhielten wir die Nachricht von dem Tode unseres Stiefbruders, des Hauptmanns Theodor Zerrenner zu Halberstadt; er starb am 23sten Mai. So folgten die Schläge fast aufeinander. – Am 31sten Mai assistirte ich bey der Einführung des Predigers Stephani[168] in der Parochie Giesensdorf. – Am 1ten Junius wurde der Grundstein zu dem Denkmale, der Friedrich dem 2ten errichtet werden soll, zu Berlin gelegt. Ich sage nichts von den Feierlichkeiten dabey. – Am 22 Jun[ius] Besuch von Stemmlers aus Wettin. – Unser guter König Friedr[ich] Wilh[elm] III. war schon seit mehreren Wochen bedeutend krank und das ganze Land deshalb in Besorgniß und Trauer. Er sollte uns entrissen werden.

[230] Der König starb am 7ten Junius, Nachmittags 3½ Uhr, umgeben von seiner ganzen Familie, auch der Kaiser von Rußland[169] und seine Gemahlin waren anwesend. Die Leichenfeier fand am 11. Jun[ius] statt, zu der auch die Landprediger in der Nähe Berlins eingeladen wurden. Ich habe dann dieser ergreifenden, mit vieler Pracht vollzogenen Feier ebenfalls beygewohnt. Nie werde ich den erschütternden Moment vergessen, als im Dom der Kronprinz am Sarge des Vaters niedersank, ihn unter Gebet mit Tränen benetzte und dann die Gemahlin und hehre Verwandten,

---

162 Leopold von Diederichs [!], wirkl. Geh. Oberjustizrat, zu Charlottenburg bei Berlin, †11.11.1839; VZ, 14.11.1839, Nr. 266, Beil.
163 Georg Ludwig Beuster, pensionierter Inspector am Schindlerschen Waisenhause in Berlin, Ritter des roten Adlerordens 4. Klasse, starb im 77. Lebensjahr am 8.12.1839; VZ, 14.12.1839, Nr. 292, 1. Beil.
164 Friedrich Gottlieb Karl Dannroth (1773-1840), 1827-1840 P. in Teltow, K. Kölln-Land I.; F.
165 Frau Professor Kuhfahl, geb. Therbusch, †31.3.1839; VZ, 4.4.1839, Nr. 78, Beil.
166 Frau Felgentreu, Witwe des Rittmeisters, geb. Tagewerk, †27.11.1839; VZ, 29.11.1839, Nr. 279, Beil.
167 Johanne Friedericke Götze, geb. Hennenberg (1763-1839).
168 Karl Friedrich Stephani (1812-1894), ord. 27.4.1840, 1840 P. in Berlin-Lichterfelde; F.
169 Nikolaus I. (1825-1855).

unter dem Gekrach der Geschütze und Läuten aller Glocken, herzlich umarmte. Am 19ten Julius dem Todestage der Königin Luise, wurde die Gedächtnißpredigt über Jac. 1,12 gehalten. Es war für mich und meine Gemeinde ein höchst feierlicher Trauertag. – Im Julius trat mein Bruder Carl eine Reise nach Dänemark, Schweden und Norwegen an, von der er am 27 Oct[ober] zurückkehrte. – Am 10ten September war die Huldigung Friedr[ich] Wilhelm IV. in Königsberg. Am 21sten fand die Einholung desselben in Berlin statt; die Pracht und die sinnreichen Veranstaltungen, besonders das Gewerke, war groß. – Am 25 und 26sten Sept[ember] wurde das 400jährige Jubiläum der Buchdruckerkunst sehr feierlich begangen. – Feste drängten sich auf Feste. Am 15ten October war die Huldigungsfeier in Berlin. Zahnweh hielten mich ab, ihr beyzuwohnen. – In der Nacht vom 18ten zum 19t October wurden uns durch frevendlichen Einbruch durch das Dach der Ställe, 8 schöne Gänse und 8 junge Hühner, nebst Hahn, gestohlen. – Am 12ten Nov[ember] gebahr die Professorin Kramer, geb[orene] Ritter, ein Sohn und dieser wurde am 21sten Dec[ember] getauft. – Versammlungen der [231] Prediger waren zwey und zwar in der böhmischen Kirche, den 1ten Julius und 9 September. – In diesem Jahre separirten sich[170] die Bauern in Schmargendorf mit ihrem Gutsherrn, H[e]r[r] v. Gerlach, und auch unter einander. Der Bretterzaun auf dem Hofe wurde gemacht. – Viele Bekannte und Freunde verlor ich auch in diesem Jahre, Frau Oberprediger Dressel[171] † im Febr[uar] 86 Jahre alt. Im April Banquier Hitzig[172]; im Mai Frau Oberdeichgräfin Martens geb[orene] Olbros; 14. Mai Minister von Altenstein[173]; Junius, Herr v. Rebeur[174]; Jul[ius] Geh[eim] Rath von Graefe[175]; am 12t August mein alter Jugendfreund der Prediger und Sup[erintendent] Hindenberg[176] in Berlitt bey Kyritz; im Nov[ember] der Director emeritus Snethlage[177]; am 25sten ej[usdem mensis] der Oberprediger Becker zu Quedlinburg; vor allem aber meinen alten würdigen und geliebten Freund und Gönner den Banquier Friebe[178] am 14t December. An ihm habe ich und meine Kirche zu W[ilmersdorf] viel verloren. – Ich ließ in diesem Jahre in der von D[octor] Fiedler, Prediger zu Döbrichau bey Torgau redigirten Pastoral=Zeitung der Geistlichkeit in der Provinz Sachsen etc.[179] meinen Aufsatz abdrucken, unter dem Titel: »Einige Gedanken über den Gebrauch der biblischen Beispiele beym christl[ichen] Religionsunterricht«. Ich hatte den Aufsatz schon früher in einer unserer Predigerkonferenzen

---

170 Vgl. dazu oben, Anm. 26.
171 Dressel, geb. Bötticher, Witwe; VZ, 26.2.1840, Nr. 48, Beil.
172 G.A.M. Hitzig, Kaufmann, †23.4.1840; VZ, 27.4.1840, Nr. 98, 1. Beil.
173 Karl Frhr. vom Stein zum Altenstein (1770-1840), Preuß. Kultusminister 1817-1838.
174 Louis de Rebeur († 23.6.1840), [Chambellan du Roy et Ministre Résident] Kammerherr des Königs u. Minister-Resident. – [Franz. Dom. Mrt. IX 529]; VZ, 26.6.1840, Nr. 148, Beil.
175 Karl Ferdinand von Graefe (1887-1840), Chirurg u. Augenarzt, seit 1810 Professor in Berlin.
176 Gottlob Joachim Hindenberg (1771-1840), Univ. Halle, 1799-1840 P. in Berlitt, K. Kyritz; F.
177 Bernhard Moritz Snethlage, Dr. theol., Dir. emerit. des Königl. Joachimthalschen Gymnasiums, Consistorialrat, †19.11.1840 im 88. Lebensjahr; VZ, 23.11.1840., Nr. 275, 1. Beil.
178 Wilhelm Zacharias Friebe, †14.12.1840; VZ, 16.12.1840, Nr. 1, Beil.
179 *Pastoral-Zeitung der Geistlichkeit in der Provinz Sachsen und deren enklavirten Ländern*, hrsg. von Ferd. Fiedler, 1 u. 2 (1839), 6 Hefte, sowie 1 u. 2 (1840), 12 Hefte; vgl. *GV*.

vorgelesen. Er befindet sich in der Pastoralzeitung p[agina] 362 und wird fortgesetzt und geschlossen p[agina] 401. Desgleichen steht p[agina] 507 von mir eine Probe aus biblischen Beispiellexikon, das ich auszuarbeiten, angefangen hatte, nemlich den Articel Besserung, p[agina] 523 befindet sich der Schluß.

[232] 1841. Erst heute, am 14ten Januar 1842 (also an meinem 70sten Geburtstag) komme ich dazu, einiges von dem vergangenem Jahre hier aufzugreifen. Unser Leben währet 70 Jahre und wenn es hoch kommt, so sind es 80 Jahre. Diese hohe Lebensstufe, die Tausende nicht erreichen, habe ich denn durch Gottes große und unverdiente Gnade erreicht und bey guter Gesundheit des Leibes und der Seele erreicht. Lobe den Herrn meine Seele und vergiß nicht etc. Blick ich zurück auf die lange Lebensbahn, was habe ich nicht alles erlebt und erfahren, in Absicht meiner Person und meiner Familie, in Absicht meines amtlichen Wirkens und auf dem Felde der Wissenschaft, besonders auch in Rücksicht des Vaterlands und der politischen Geschäfte überhaupt. – Doch hier sey nun von dem von mir verlebten Jahre 1841 in kurzem die Rede. – Es begann nicht zum Besten für mich. Am 7ten Januar befiel mich, einige kalte Fieber ausgenommen, die erste bedenkliche Krankheit nemlich eine sehr heftige Grippe, verbunden mit Leberleiden. Schon die ersten Tage brachten mich außerordenlich herunter und ließen das Äußerste fürchten; besonders war mir das Sinken aller Kräfte merkwürdig. Ich war auf meinen Tod gefaßt. Doch Gott half mir noch einmal auf. Die Bemühungen des Arztes (H[err] Müller[180] in Schöneberg) und die sorgsamste Pflege meiner guten Tochter und der Dienerin Sophie Mählitz (schon 32 Jahre in meinem Hause) kann ich nicht genug wähnen. Mein Amt mußte ich 3 Monate durch gefällige Condickte aus Berlin und durch den Prediger Stephani in Giesensdorf verwalten lassen. Erst am 15ten April begann ich meine Geschäfte mit einer Trauung und am 18ten ej[usdem mensis] betrat ich wieder die Kanzel und seitdem habe ich bis heute auch wieder meine amtlichen Geschäfte versehen können. Dem Allmächtigen und Allgütigen sey Lob, Ehre und Preis!

[233] Im Monat Mai begann die Reparatur des sehr schadhaften Kirchthurms hieselbst und der Kirche, welche etwa 418 Thaler kostete. Im Junius war die Übergabe der von dem Landrath a.D. H[err] v. Gerlach (Schwiegersohn des verst[orbenen] Ministers v. Beyme), an den König verkauften Güter Steglitz, Dalem und Schmargendorf: Ich gewinne, laut Contract über die Erbpacht der Mooräcker, bey diesem Verkauf an Ländereiengeldern 185 Thaler, 6 Silbergroschen. Die Pacht wird nun vom Rentamt Mühlenhof gezahlt. – Meine vielen Bemühungen um eine Orgel waren noch immer ohne Erfolg, indem die Regierung immer neue Schwierigkeiten machte. Doch als ich mich an den Director des geistl[ichen] Ministerii, Präsident v. Ladenberg[181] gewandt hatte, äußerten sich von neuem gute Aussichten, so daß im J. 1843 das Werk endlich wohl zu Stande kommen wird (s[iehe] in den Pfarrakten das Heft über diese Angelegenheit). – Vom 22st Julius bis 12ten Nov[ember] durchreiste mein

---

180 Dr. C.F. Müller. prakt. Arzt, Wundarzt u. Geburtshelfer, Alt-Schöneberg I E; vgl. *Berliner Adreßbuch. Allgemeiner Wohnungsanzeiger für Berlin*, Berlin 1842-1844 [künftig zitiert: *BAB*].
181 Adalbert Ladenberg (1798-1855), wurde 1839 Abteilungsdirektor im Kultusministerium.

guter Bruder Carl, England, Schottland und Irland. – Am 14ten Nov[ember] gebahr meine Schwiegertochter die kleine Charlotte. – Am 16ten Mai feierte mein Stiefbruder Gottlieb Zerrenner sein 25jähriges Consistorial=Schulraths=Jubiläum. – Am 29. Sept[ember] kamen wir Prediger in Tempelhof zusammen. Am 2ten December hielt der Schulinspector Carus Schulvisitation. - An Freunden und Bekannten verlor ich durch den Tod: 1. den Director und Professor Spillecke[182] am 9ten Mai. 2. Justizrath Sadewasser[183] am 22st Juni; 3. Sup[erintendent] und Propst Straube zu Mittenwalde den 21 August; 4. Director Zimmermann[184] am 28sten August; [5.] H[err] Lehmann 22 Sept[ember] in Carlsbad. 6. Prediger Mulzer[185] in Giesensdorf, am 18ten December. – Merkwürdig war das köstlichste Herbstwetter im Nov[ember] und selbst December. Am 12 Dec[ember] war 8 Grad Wärme, am Weihnachtsfeste 5 Grad und heller, warmer Sonnenschein.

[234] 1842. Dieses Jahr habe ich mit den Meinigen, Gott sey gedankt, im besten Wohlseyn durchlebt. Der Sommer war äußerst heiß und fast ohne allen Regen. Das Getreide konnte nicht aufkommen, die Kartoffeln mißriethen ganz, die Wiesen waren roth und ohne Gras, daher Mangel an Viehfutter. Die Nachtheile der Dürre zeigten sich erst recht im Winter 1842/43. Außerdem zeichnete sich dieses Jahr durch merkwürdige Unglücksfälle[186] aus, so durch den 4tägigen Brand in Hamburg, Camenz usw. – Synoden wurden den 13 Juli zu Charlottenburg gehalten. – Vom 28st Jul[i] bis 11ten August machte meine Tochter mit Madame Friebe eine Reise nach Dresden, sächsische Schweiz usw. bey 27 Grad Hitze im Schatten kehrte sie gesund zurück. Am 22sten März wurde meine Großnichte Nanny Jakobi eingesegnet. Am 3ten Dec[ember] gebahr meine Nichte Pauline, Frau des Directors Gustav Kramer ihren zweyten Sohn. – An Bekannten und Freunden verlohr ich in diesem Jahre 1., 20 Januar Madam Pauly[187]; 2., den Ehren-Präsident des Ober Landesgerichts zu Paderborn Dr. von Schlechtendal[188] 75 J. alt; 3., 26 April Buchhändler und Stadtrath Reimer[189]; 4., 6 Jun[i] Frau v. Thielmann[190]; 5., 11. Oct[ober] Bauinspector Hecker[191]

---

182 Gottlieb August Spilleke (1778-1841), Pädagoge; *DBI*.
183 Sadewasser, Königl. Justiz-Rat, verstarb im Alter von 85 Jahren; *VZ*, 24.6.1841, Nr. 144, Beil.
184 Christian Gottlieb Zimmermann (1766-1841), Mathematiker, Philosoph, Direktor am Werder'schen Gymnasium in Berlin (1821-1837), Lehrer an der Bauakademie (1804-1819) und Artillerieschule (1816-1832).
185 Mulzer: Datum des Todes [13.12.1841] fehlt bei F.
186 [Zeitungsausschnitt links oben:] *Das denkwürdige Unglücksjahr 1842. Eine sorgfältige Darstellung aller in diesem Jahre vorgekommenen Denkwürdigkeiten, als Brand von Hamburg, Seyda, Camens, Oschatz, Kasan, Liverpool, der Waldbrand in Böhmen etc. das Unglück auf der Versailler Eisenbahn, der Tod des Herzogs von Orleans, das Erdbeben auf Hayti, der Einsturz des Theaters in Schleiz, der Untergang des Linienschiffes Ingermannland und zweier Dampfböte am Mississippi, ferner des Waterloo, die Überschwemmung von Smyrna, der Sturm und Überschwemmung auf Ceuta. Allgemeine Übersicht der Verhältnisse. Jeder Gegenstand ist nach den besten Quellen ausführlich erzählt. Preis 11 Druckbogen mit Abbildungen in elegantem Umschlag 20 sgr.* Vgl. *VZ*, 23.1.1843, Nr. 19, 2. Beil.
187 Witwe des Amtmanns Pauly aus Charlottenburg; *VZ*, 25.1.1842, Nr. 20., Beil.
188 Diedrich Friedrich Karl von Schlechtendal (1767-1842) Richter; *DBI*.
189 Georg Andreas Reimer, Stadtrat u. Buchhändler; *VZ*, 28.4.1842, Nr. 97, Beil.
190 Bertha von Thielmann, geb. Friebe; *VZ*, 7.6.1842, 2. Beil.
191 Vgl. *VZ*, 14.10.1842, Nr. 240, Beil.

in Potsdam 6., 7. November Frau Geh[eim] Räthin Kohlrausch[192], 62 J[ahre] alt. 7., 20 December, Amtsbruder Dreising[193] in Stahnsdorf, sein Sohn folgte ihm im Amte, 74 Jahre alt (42 im Amte) 8., 23 Dec[ember] Baron v. Eckartstein[194] in Charlottenburg. – Mit Errichtung der Orgel wurde es auch in diesem Jahr noch nichts.

1843. Durch Erkältung in den Filialkirchen zog ich mir im Januar ein Unwohlseyn zu, das von vielen Symptomen der Grippe (im J[ahre] 1841) begleitet war; nur in einem milden Grade; doch konnte ich 3 Wochen hindurch meinem Amte nicht vorstehen. – Im Junius, Julius u. August wurde an allen meinen 3 Kirchen gebaut. 1. Dalem bekam zwey neue halbe Fenster etc. 2. Schmargendorf. Die bisher scheunenartige [235] Kirche erhielt ein würdiges und freundliches Ansehen, 4 neue große Fenster, eine neue Thür. Die Sitze und die Kanzel wurden angestrichen. Die Kanzel wurde anders gestellt; doch für einen Predigersitz wurde nicht gesorgt. Ich setze mich von jetzt an daher gleich auf die Kanzel. [3.] Wilmersdorf. Die Kirche wurde im Januar ganz neu ausgebaut, die Sitze renovirt und die Kanzel weiter zurückgestellt; ein Chor für die Orgel wurde gebaut und alles neu angestrichen. Der ganze innere Ausbau kostete ..."[195] Die Orgel wurde auch in diesem Jahre noch nicht aufgestellt. Während des Baues, der an 14 Wochen dauerte, predigte ich in den Schulstuben. Am Geburtstage des Königs, den 15ten October hielt ich die Einweihungspredigten. – Predigerzusammenkünfte waren zwey, den 22 Febr[uar] in Berlin, die ich aber nicht besuchen konnte und den 16ten August in Charlottenburg. – Am 6ten August wurde ein kirchliches Fest zum Gedächtniß des tausendjährigen Bestehens der politischen Einheit und Selbständigkeit Deutschlands gefeiert, welche zuerst durch den Vertrag von Verdun 843[196] bewirkt wurde. – Mein Bruder Carl bereiste in diesem Jahre die Karpathen. – Todesfälle von Freunden und Bekannten: 1., den 17ten März starb mein alter Freund Doctor Fürst[197], 68 J[ahre] alt. 2., den 16ten April desgleichen der Geh[eim] Rath Krug[198] in Mühlenbeck 73 J. alt. 3., den 19t Mai desgl[eichen] der Prediger Nicolai[199] in Bötzow 27 J[ahre] alt. 4., 27 Mai Freund Bätcke[200], nur 37 J[ahre]. alt. 5., 8 Jul[ius] Professor Rösel[201]. 6., d[en] 17 Jul[ius] mein früherer

---

192 Kohlrausch, geheime Ober-Medizinal-Rätin, geb. Eichmann; *VZ*, 12.11.1842, Nr. 265, 2. Beil.
193 Johann Gottlob Dreising (c.1769), Pred. in Stahnsdorf. †20.12.1842 im beinahe vollendeten 74. Lebensjahr nach 42jähriger Amtszeit; *VZ*, 24.12.1842, Nr. 301, Beil., sowie *F* (Todesdatum fehlt bei Fischer).
194 Baron Franz von Eckardstein, Königl. Kammerherr, Major a.D. EK2, in Charlottenburg, Brauhofstr. 1, 2 E., Gutsbesitzer, Präsident des Vereines für Pferdezucht u. Pferdedressur; vgl. *Adreß-Kalender für die Königlichen Haupt- und Residenz-Städte Berlin und Potsdam ...*, Berlin 1844 [künftig zitiert: *AK*], sowie *BAB*.
195 Es werden keine Zahlen genannt.
196 Im Vertrag von Verdun (11.8.843) teilte Kaiser Lothar I. das Karolingerreich mit seinen beiden Brüdern.
197 J.J. Fürst, Dr. med., praktischer Arzt, Gertraudtenstr. 25; *VZ*, 20.3.1843, Nr. 67, 2. Beil., sowie *BAB*.
198 Johann Leopold Krug (1770-1843), Statistiker und Nationalökonom; vgl. *ADB* sowie *DBI*.
199 Paul Christian Nicolai (1772-1843), 1808-1843 P. in Bötzow, K. Nauen; *F*.
200 Johann Ferdinand Wilhelm Baetke [!], *VZ*, 30.5.1843, Nr. 124, 1. Beil.
201 Samuel Rösel (1768-1843), Zeichner, Maler; *DBI*.

Superintendent Pelkmann[202], 71 J[ahre] alt. 7., mein Cousin Wilda, den 24st Jul[i] 8., den 8 Aug[ust] Vetter Messow[203], D[octor] d[er] Philos[osphie] 9., d[en] 30 Aug[ust] Mad[ame] Pätel[204]; 10., mein Neffe, der Postdirector Carl Kramer[205] in Merseburg. – Der Wilmersdorfer Kirchenacker bei Ch[arlottenburg] wurde neu verpachtet. – Ich habe in diesem Jahre vielfältig das Abnehmen meiner Kräfte zu bemerken Gelegenheit gehabt. Wie herrlich konnte ich sonst marschiren! Jetzt erschöpft mich jeder Gang.

[236] 1844. Ich trat, Gott sey Dank, mit guter Gesundheit das neue Jahr an, litte aber den ganzen Februar und März hindurch an heftigem katharralgischem Husten und Übelkeit. Ich fühlte in diesem Jahre immer mehr Abnahme der Kräfte. Doch ist der Geist noch lebendig und mit Freuden verwalte ich mein Amt. – Synodalversammlungen waren zwey, den 17ten Jun[ius] in Charlottenburg, der ich nicht beywohnen konnte und den 17ten October in Berlin, in der Bethlehems Kirche. Es wurde über die Gegenstände berathen, welche in der von Minister Eichhorn angesetzten Provinzialynode verhandelt werden sollten; Pred[iger] Ringeltaube[206] wurde zum Abgeordneten zu derselben an der Kreissynode gewählt. Die Provinzialsynode, vor allem von allen Superintendenten und Abgeordneten besucht, begann zu Berlin den 8 November und dauerte 8-12 Tage. Äußere und innere Vermehrung der seelsorgerischen Thätigkeit, deren Vermehrung und erleichterte Ausübung; Erbauung und Cultur; kirchliche Einwirkung auf die Jugend; Kirchendisciplin; Gemeindewesen, Kirchenverfassung im Allgemeinen, Verbesserung der äußeren Lage der Geistlichen und Schullehrer, Verpflichtung auf die symbolischen Bücher etc. etc. waren der Stoff der Berathung. Die Folge wird lehren, ob wahrhaft Gutes aus diesen im ganzen Lande gehaltenen Synoden hervorgehen wird, oder ob es nicht so kommen wird, wie 1819. – Das bisher nicht gesetzlich gefeierte Reformationsfest, wurde am 3 Nov[ember] zum ersten Male gehalten und die Disposition der gehaltenen Predigten eingefordert. – Mit Aufstellung der Orgel wurde es auch in diesem Jahre noch nichts. – Specielle und Familienangelegenheiten betreffend: am 23 Febr[uar] brach Großmutter Kramer in Eisleben durch einen unglücklichen Fall, im hohen Alter, den Schenkel. [237] Matthilde gebahr den 23 März, ihre Emma. Den 18ten Mai besuchte uns Wilh[elm] Ritter aus London, blieb bis zum 22ten. In der Nacht vom 19 bis 20sten Febr[uar] ein versuchter Einbruch in die Stube meiner Tochter. – In diesem Jahre wurde die erste Industrieausstellung gehalten, im August. – Attentat des Tschech[207] auf das Leben des

---

202 Zeitungsausschnitt am rechten Rand mit Nekrolog Pelkmann; VZ, 20.7.1843, Nr. 167, 1. Beil.
203 Johann Christoph Messow, Dr. phil., Kronenstr. 30 E; VZ, 11.8.1843, Nr. 186, Beil., sowie BAB.
204 Henriette Friederike Caroline Paetel, geb. Kühlhorn, früher verw. Marggraf, verstarb im 70. Lebensjahr. Als Hinterbliebene werden genannt: Henriette Bolle, geb. Marggraf, als Tochter; Friedrich Paetel, Gutsbesitzer als Sohn; David Bolle, Braueigner, als Schwiegersohn; Adelaide Paetel, geb. Pfennigk als Schwiegertochter; die Enkel: Stud. med. Carl, Ökonom Louis, Wilhelm, Albert, Theodor Bolle u.a. VZ, 31.8.1843, Nr. 203, Beil.
205 Karl Kramer (†17.9.1843), Postdirektor; DBA.
206 Ernst Friedrich Ringeltaube (1779-1860), Sohn des Gen. Sup. in Stettin D. Gottlieb R., 1810 P. in Berlin-Britz; F.
207 Vgl. VZ, 27.7.1844, S. 1: *Ihre Majestäten der König und die Königin wollten heute früh um 8 Uhr eine Reise zunächst nach Erdmannsdorf in Schlesien und weiter nach dem Bade Ischl antreten. Der Reise-*

Königs, den 26 Julius. – Todesfälle von Bekannten und Freunden: 1. Hofrath Krüger[208], Hofstaatssekretär bey Prinz Albrecht; den 17t Januar. 2. Oberlehrer Franz Kemp[209], den 28sten April. 3. Madam Benecke[210] in Schöneberg, den 11ten Mai. 4. H[err] Rötter[211] in Berlin, den 3 August ganz plötzlich. 5. Meine alte treue und gute Dienerin seit 35 Jahren, Sophie Mählitz, nach langem, schmerzlichem Leiden, den 3ten November. 6. Pred[iger] Gaspard Molière[212], 81 Jahre alt. – (Bey einer Taufe im Grunewald, am 28sten Juni hielt Prinz Carl das Kind über die Taufe.)

1845. Auch dieses Jahr wurde, Gott sey Dank, mit ziemlicher Gesundheit angefangen; aber gegen Ende desselben trat wieder bedeutende Schwachheit ein. – Synodalversammlungen wurden nicht gehalten. Am 17ten Februar war Schulvisitation.

Der Monat März war äußerst kalt, die Fenster täglich mit Eis bedeckt; erst am Osterfeste trat Thauwetter ein. – Vom 21sten April bis 1. October machte Bruder Carl eine Reise durch ganz Frankreich, besonders durch das südwestliche und nach den Pyrenäen und traf auch in Spanien ein. – Am 26sten December erschien endlich der Orgelbauer Schröther[213] aus Sonnenwalde, mit seiner Orgel[214], deren Aufstellung in hiesiger Kirche er am 10ten Dec[ember] [Januar] vollendete. –

---

wagen war in dem Schloß-Portal vorgefahren und nahm zuerst Ihre Majestät die Königin, nachdem Sie die Bittschrift einer Ihrer harrenden Frau abgenommen hatte, Ihren Platz ein; Se. Majestät der König folgten; in dem Augenblicke wo Allerhöchstdieselben Sich niedersetzten und der Lakai sich bückte, um den Wagenschlag zu schließen, trat ein Mann aus der umherstehenden Menge dicht an den Wagen und feuerte ein Doppelpistol in zwei schnell auf einander folgenden Schüssen auf den Wagen ab, der in demselben Augenblick abfuhr. ... Der Verbrecher wurde auf frischer Tat ergriffen und mit Mühe vor der Volkswuth gesichert, der Wache abgeliefert, demnächst zum Kriminalgericht abgeführt. Daselbst gab er sich als den vormaligen Bürgermeister Tschech an und wurde als solcher anerkannt. Derselbe ist 56 Jahre alt, war früher Kaufmann, demnächst mehrere Jahre Bürgermeister zu Storkow in der Kurmark, und nahm im Jahre 1841, nach einer sehr tadelnswerthen Dienstführung Abschied. Seitdem hielt er sich größtentheils in Berlin auf und suchte bei den Behörden Anstellung im Staatsdienste nach, die ihm aber, da er aller Ansprüche entbehrte, nicht zu Theil werden konnte; auch von des Königs Majestät wurde er mit dem gleichen Gesuch im vorigen Jahre zurückgewiesen. Er war als ein sehr heftiger, in hohem Grade leidenschaftlicher Mensch bekannt. ... Bei seiner ersten polizeilichen Vernehmung hat er sich zu dem Attentate unbedingt bekannt, und als den Grund der Frevelthat die Absicht angegeben, sich wegen der ungerechten Zurückweisung seiner Anstellungs-Gesuche zu rächen, zugleich aber ausdrücklich versichert, daß er das Verbrechen aus eigenem freien Antriebe begangen und Niemand seine Absicht mitgetheilt habe. Vgl. z. St. David E. Barclay, *Anarchie und guter Wille. Friedrich Wilhelm IV. und die preußische Monarchie*, Berlin 1995, S. 180.

208 VZ, 19.1.1844, Nr. 16, Beil.
209 Franz Kemp, emerit. Oberlehrer; VZ, 30.4.1844, Nr. 101, 2. Beil.
210 Marie Henriette Benecke, geb. Priem, Witwe des zu Berlin verstorbenen Prinzl. Kammerdieners John. Gottlieb Benecke, verstarb im Alter von 61 Jahren (Evangelisches Zentralarchiv, Berlin).
211 Christian Friedrich Rötter, Gastwirt zum Rheinischen Hof in Berlin; VZ, 6.8.1844, Nr. 182, Beil.
212 Gaspard Molière (1761–1844), 1787 Erzieher des Prinzen August von Preußen, seit 1793 P. an franz. Friedrichstadt; F.
213 D. Liers, *Von Orgeln und Orgelbauern IX. Orgelbau in der Residenzstadt Sonnewalde (Bez. Cottbus, Kreis Finsterwalde)*, in: Die Kirche. Evangelische Kirchenzeitung 40 (1985), Nr. 39, S. 2: *Die Schröthers müssen gute Orgelbauer gewesen sein. Im Kirchlichen Amtsblatt werden sie lobend erwähnt. Es sind glücklicherweise noch historische Schröther-Orgeln erhalten. Sie dürften, wenn sie unverändert sind, denkmalwürdig sein.*
214 Robert Wehlitz, *Wilmersdorfer Kurzberichte aus acht Jahrhunderten*, Bd. 1, Berlin [1950], S. 108: *Eine Orgel in seiner Kirche kann nach zehnjährigem Bemühen Pfarrer Ritter zu Weihnachten aufstellen.*

Die Wilmersdorfer Kirche von 1772. Ölmalerei, signiert »Alfred Heida 1894«.

Specielle und Familienangelegenheiten: Am 28 Febr[uar] starb mein Freund Knöpffler[215], Inspector am Joachimsthal[schen] Gymnasium, 69 J[ahre] alt. Am 15ten März starb meine gute Schwägerin Betty Reineck, Gattin [238] des Majors Reineck in Prester geb[orene] Kramer an Nervenfieber. Am 8 April † Pred. Himmerlich[216] in Großziethen, 81 J[ahre] alt; und H[err] Uhde[217] in Charlottenburg; am 12t d' Heureuse[218]. Am 28st Mai feierte mein Schul- und Universitätsfreund, der Regierungs-Präsident von Kersten[219] in Bernburg sein 50jähriges Amtsjubiläum. Am 31 Mai † Pred[iger] Kandel in Teupitz. Am 23 Julius starb Pred[iger] Rolle in Berlin 75½ J[ahre] alt. Am 7 Nov[ember] † Cerf.[220] Am 24 Nov[ember] † Prof[essor] Wach[221]; am 7 Dec[ember] Prof[essor] Kranzler[222] vom Werder[schen] Gy[m]n[a]s[ium] 66 J[ahre] alt.

1846. Meine Gesundheit war beym Eintritt des Jahres erträglich. Aber schon in der letzten Wochen des Januar, trat wieder ein grippeartiger Zustand ein, der den ganzen Februar hindurch mit großer Heftigkeit anhielt und Fleisch und Kräfte des Körpers hinnahm. Ich kam so herunter, wie noch nie. Dr. Rummel[223] hob das Übel zwar einigermaßen, aber nicht ganz. Der Husten fand sich wieder und besonders ein mit Heiserkeit verbundener Schnupfen, der mich nun schon 5 Monate quält (Ich schrieb dies am 1. Jun. und die Stimme ist rauh und schwach geworden und das Reden und Predigen fällt mir äußerst schwer, auch wegen des kurzen Athems. Bessert es sich nicht bald und tritt im Winter abermals die Grippe wie seit 2 Jahren ein, so werde ich nicht Kräfte genug haben, die Krankheit zu überstehen. Nur, wie Gott, der Allmächtige, will! - Nach 10jährigen Bemühungen und nach unzähligen auch endlich glücklich überstandenen Hindernissen und oft garstigen Verdrießlichkeiten, gab die Regierung endlich die Erlaubniß, die neue Orgel in Gebrauch zu nehmen.

Monatelang bleibt sie jedoch stumm, da Busack sie nicht zu spielen versteht. Schließlich erklärt sich der zweite Lehrer aus Schöneberg, namens Geyger, bereit, ab Ostern jeden Sonntag nach Wilmersdorf zum Orgelspiel herüberzukommen. Die Gemeinde zahlt ihm dafür 20 Taler im Jahr.

215 Moritz Knöpffler (1776-1845), Schulmann; *DBI*.
216 Joh. Christ. Sigismund Himmerlich, emerit. Prediger in Großziethen; *VZ*, 17.4.1845, Beil.
217 J. Ude, Inspektor, Brauhofstr. 2 in Charlottenburg. [Vermutl. Gutsinsp. b. Baron von Eckardstein]; *BAB*.
218 Jean Louis Édouard d'Heureuse, Confisseur (†12.4.1845). – [Franz. Dom, Mrt. IX,714]. – Der Conditor verstarb im 55. Lebensjahr, *VZ*, 15.4.1845, Beil. Die Conditorei befand sich am Köllnischen Fischmarkt Nr. 4 [BA], in den Wintermonaten nahm man dort gern auch eine Bouillon ein; *VZ*, 14.12.1837, Nr. 293.
219 Kersten, Herzogl. Anhalt-Bernburgischer Landes-Regierungspräsident, Stern zum Roten Adler-Orden 2. Klasse; *VZ*, 3.6.1845, Nr. 126, S. 1.
220 Karl Friedrich Cerf (*1782 †6.11.1845), Königl. Kommissionsrat, Theaterdirektor: *VZ*, 6.11.1845, Nr. 262, Beil., *ADB* sowie *NDB*.
221 Karl Wilhelm Wach (1787-1845), Maler, Professor, Deckengemälde im Berliner Schauspielhaus, Altarwerke in Bln. Kirchen usw; *ADB* sowie *DBI* [†24.11.1845: *VZ*, 26.11.1845, Nr. 277, 2. Beil.].
222 Kanzler [!], Theodor, Professor am Friedrich-Werderschen Gymnasium †7.12.1845, 64 [!] Jahre alt; *VZ*, 9.12.1845, Beil.
223 Dr. E.H. Rummel, Sanitätsrat, Königl. Hofmed. u. prakt. Arzt, Operateur u. Geburtshelfer, Krummestr. 1 E in Charlottenburg; *BAB*.

(S[iehe] das Actenstück über den Orgelbau unter der Pfarracte). Ich weihte sie daher am 3ten Mai durch Rede und Predigt feierlich ein und ihre ersten Töne ließen kein Auge trocken. Gott sey gepriesen, daß er das Werk zu Stande kommen ließ.

[239] Zur Geschichte der Orgel will ich noch folgendes bemerken. Schon beym Antritt meines Amts im Jahre 1809 war es mein sehnlicher Wunsch, etwas zur Verbesserung des Kirchengesangs, der sehr unerbaulich war, beytragen zu können. Die Gemeinde war zu keinen Beyträgen zur Anschaffung einer Orgel zu bewegen. Es fehlte an Gemeinsinn; keiner konnte sich zu einem kleinen Opfer zum Besten der Kirche entschließen; auch die K[önigliche] Regierung schlug alle meine Bitten um Unterstützung des guten Werkes ab. Da wandte ich mich, und zwar mit glücklichem Erfolge, an Freunde. Der Banquier Friebe schenkte 100 Thaler. S[ei]n[e] Majestät der König Friedrich Wilhelm III. gab gleichfalls 100 Thaler, das Cultus Ministerium 50 Thaler, Baron von Eckartstein 20 Thaler, der Geh[eime] Ober Regierungsrath und Curator der Universität Bonn, Herr von Bethmann Hollweg 50 Thaler. Die Gemeinde machte ich endlich nach Aufforderung der Regierung, gleichfalls zu 30 Thalern verbindlich. Die Orgel erbaute der Orgelbauer Schröther zu Sonnenwalde und stellte sie im December 1845 hierselbst auf. Sie kostet alles in allem 3 ...[224] Das übrige Geld, wozu noch einige Interessen kommen, verwandte ich auf andere Weise, zum Besten der Kirche 1., Zu einer neuen Kanzelbekleidung, welche [hier bricht der Text ab].

Grabtafel für C.G.W. Ritter aus Eisenkunstguß.

---

224 Weitere Zahlen fehlen.

Nachwort Hermann Ritters

Im Gefühle der Kindespflicht und mit wehmütigem Herzen ergreift der Sohn die Feder, um in dieser, von seinem nach dem unerforschlichen göttlichen Rathschlusse nunmehr zu einem besseren Leben entschlummerten, geliebten Vater begonnenen, Prediger Chronik, mit wenigen Worten, noch die letzten Tage des theuren Dahingeschiedenen zu schildern.

Schon als der Verstorbene die letzten Zeilen [240] in diesem Buch niederschrieb, waren seine Kräfte in Folge der immer mehr und mehr zunehmenden Krankheit, welche sich zu einer förmlichen Brustwassersucht ausgebildet hatte, in dem Maße geschwunden, daß er kaum mehr den Stuhl oder das Sopha verlassen konnte. Die Brustbeklemmungen hatten einen hohen Grad erreicht, so wie auch das Anschwellen des Körpers täglich zunahm. Keine Arznei konnte mehr helfen und der theure Vater war froh, wenn die letztere ihm doch zuweilen einige Linderung gewährte. Mit voller Ergebung in den Willen des Höchsten und mit männlicher Ruhe sahe der Vater sein Ende herannahen; keine Klagen entschlüpften seinem Munde, nur Trostworte, an uns, seine Kinder, die mit Schmerzen der Trennung von dem geliebten Vater entgegensahen. So thätig derselbe während der Zeit war, in welcher er sich rüstig und wohl fühlte, so war er es auch noch bis zur letzten Stunde, wenn es seine Beschwerden und Kräfte nur irgend gestatteten. Seine Amtsgeschäfte in der Kirche konnte er freilich zu seiner großen Betrübniß schon seit dem 13ten September nicht mehr versehen, dagegen hat er noch fast alle Amtshandlungen, die solches zuließen, im Hause vorgenommen, ja selbst am 22sten November, also 6 Tage vor seinem Tode die Handlung einer heiligen Taufe vollzogen. Außerdem führte er die Kirchen- und [241] Schulrechnungen, auch besorgte er die sonst erforderlichen dienstlichen Schreibereien und Correspondenzen und beschäftigte sich noch auf das eifrigste mit den Wissenschaften, namentlich mit der theologischen.

Als die Mitte des Novembers herangekommen war, erklärte der Vater, daß seine Kräfte nun so geschwunden wären, daß er nicht mehr das Bett verlassen würde. Er hatte alle Angelegenheiten, dienstliche sowohl, als häusliche auf das musterhafteste in Ordnung gebracht und wollte nun fern von Geschäften, mit Ruhe und in stiller Ergebung die Stunde seines Scheidens von dieser Welt erwarten. Am 24sten, 25sten und 26sten November wurden die Brustbeklemmungen sehr heftig und die Geschwulst, welche vorzugsweise bisher auf die Füße und den Unterleib sich beschränkt hatte, dehnte sich nun auch auf den oberen Theil des Körpers aus. Auf vieles Bitten und Zureden hatte der Vater noch einen zweiten Arzt aus Berlin – den Dr. Waldeck[225] –

---

225 Dr. E. Waldeck sen., prakt. Arzt, Wundarzt u. Geburtshelfer, Breitestr. 5 – Dr. J. Waldeck jun., prakt. Arzt, Wundarzt u. Geburtshelfer. Neu Roßstr. 2, *BAB*.

consultirt, dessen Anordnungen dem Kranken viele Erleichterungen bewirkten. Dieser Arzt wurde am 27sten November Abends gerufen. Derselbe fand den Zustand des Vaters erträglich und machte dem Kranken, so wie uns Kindern durch seine Trostworte neuen Muth und Hoffnung. Doch der Himmel hatte es anders beschlossen. -

Nach einer ziemlich ruhigen Nacht erwachte der gute Vater am Morgen des 28sten [242] Novembers, um an diesem Tage seine Augen auf immer zu schließen.

Seine Tochter, welche ihm eine getreue Pflegerin war, bemerkte an diesem uns unvergeßlichen, Morgen einige Unruhe an dem Vater, welcher einen brennenden Durst fühlte und eine Tasse Kaffee zu trinken begehrte. Er verließ mit großer Mühe das Bett, um seine Lagerstätte ordnen zu lassen, setzte sich an das Fenster und schaute in stummer Betrachtung die heitere Sonne an. Jetzt wollte er mit Hülfe seiner Tochter sich wieder niederlegen, allein auf dem Wege zum Bette sank der Theure, plötzlich von einem Lungenschlage getroffen, entseelt in die Arme derselben. -

Die Bestattung der irdischen Hülle des Verstorbenen fand am 1ten December auf das feierlichste Statt. Außer der Familie und vielen Freunden des Vaters hatten die drei Gemeinden Wilmersdorf, Schmargendorf und Dahlem sich eingefunden, um ihren treuen langjährigen Seelsorger die letzte Ehre zu erweisen; ja selbst viele Leidtragende aus anderen Orten, die früher in Wilmersdorf gewohnt hatten, waren zu dieser Trauerfeier erschienen und überall sahe man Beweise der aufrichtigen Liebe und Anhänglichkeit zu dem Verstorbenen, der es ja mit allen von ganzem Herzen immer so wohl gemeint.

Nicht unerwähnt kann ich es lassen, daß ein [243] junger Mann, welchen der Vater getauft und eingesegnet hatte und der zur Zeit als Hautboist im Kaiser Franz Grenadier-Regiment in Berlin stand ein gewisser Haupt aus Wilmersdorf - mit seinen Kameraden zum Leichenbegängnisse erschien und die Anwesenden durch das Blasen erhebender Choräle am Grabe überraschte und dadurch die Feier um vieles erhöhete. Gefühle der Dankbarkeit, Verehrung und Anhänglichkeit zu dem Vater waren allein die Motive zu dieser schönen Handlung.

Herr Superintendent Mann aus Charlottenburg hielt in der mit Andächtigen überfüllten Kirche, in welche der Sarg von den Bauern getragen und vor den Altar niedergesetzt war, nach verhallten Trauerklängen der Orgel, eine feierliche Leichenrede, welche den Text: Offenbarung S[anc]t Johannis Cap[itel]: 14. Vers 13. zum Grunde gelegt war und knüpfte hieran zugleich einen kurzen Ueberblick von dem Leben des Entschlafenen.

Herr Prediger Frege[226] aus Schöneberg sprach außerdem noch erschütternde Worte an der Gruft.

Möge das Andenken an den theuren Verklärten unter den 3 Gemeinden Wilmersdorf, Schmargendorf und Dahlem, in welchen derselbe so lange Jahre mit warmer Liebe und Lust segensreich gewirkt, nicht so bald verlöschen!

---

226 Ferdinand Ludwig Frege (1804-1883), Univ. Berlin, ord. 3.4.1835, 1835 Domhilfspred. in Berlin, 1838 Schloßpred. in Schwedt, 1846-1883 P. in Berlin-Schöneberg, K. Friedrichswerder II.; *F.*

Literaturverzeichnis

Adreß-Kalender für die Königlichen Haupt- und Residenz-Städte Berlin und Potsdam desgleichen für Brandenburg, Charlottenburg, Frankfurt, Neu-Ruppin, Oranienburg, Prenzlow, Schwedt und Spandow, Berlin 1844.
Allgemeine deutsche Biographie, red. von R. v. Liliencron u. F.X. Wegele, Bd. 1-56, Leipzig 1875-1912.
Karl Baedeker, *Belgien und Holland nebst Luxemburg. Handbuch für Reisende*, 25. Aufl., Leipzig 1914.
David E. Barclay, *Anarchie und guter Wille. Friedrich Wilhelm IV. und die preußische Monarchie*, Berlin 1995.
Udo Christoffel (Hrsg.), *Berlin-Wilmersdorf. Ein StadtTeilBuch*. 3. Aufl. Berlin-Wilmersdorf 1982.
Berliner Adreßbuch. Allgemeiner Wohnunganzeiger für Berlin, I: Nachweis sämmtlicher Einwohner Berlin, IV: Nachweis sämmtlicher Geschäfte und Gewerbetreibender, Berlin 1842-1844 [Mikrofiche-Ausg.].
Friedrich Wilhelm Bautz (Hrsg.), *Biographisch-Bibliographisches Kirchenlexikon*, Bd. 1ff., Hamm (Westf.) 1990ff.
Biographisches Lexikon der hervorragenden Ärzte aller Zeiten und Völker, 3., unveränd. Aufl., München-Berlin 1962.
Brockhaus Enzyklopädie, Bd. 1-24, 17. Aufl., Wiesbaden 1966-1976.
Georg Edmund Dann, *Martin Heinrich Klaproth*, Berlin 1958.
Deutschbaltisches Biographisches Lexikon, im Auftrag der Baltischen Historischen Kommission begonnen von Olaf Welding, hrsg. von Wilhelm Lenz, Köln-Wien 1970.
Deutsche Biographische Enzyklopädie, hrsg. von Walther Killy und Rudolf Vierhaus (unter Mitarbeit von Dietrich Engelhardt u.a.), Bd. 1-10, München-New Providence-London-Paris 1996-1999.
Deutscher Biographischer Index, Bd. 1-8, begr. von Willi Gorzny, 2., kumulierte und erweiterte Ausg., München 1998.
Deutsches Biographisches Archiv. Eine Kumulation aus über 250 der wichtigsten biographischen Nachschlagewerke für den deutschen Bereich bis zum Ausgang des 19. Jahrhunderts. Microfiche-Edition, herausgegeben von Bernhard Fabian, bearbeitet von Willy Gorzny, München-New Providence-London-Paris 1982-1984.
Armin Dittrich, Projekt: *Pfarrerbuch der Kirchenprovinz Sachsen*, Halle 1998.
Otto Fischer, *Evangelisches Pfarrerbuch für die Mark Brandenburg seit der Reformation*, Bd. 1-2, Berlin 1941.
Johann Heinrich Fritsch, *Geschichte des vormaligen Reichsstifts der Stadt Quedlinburg*, T. 1, Quedlinburg 1828.
Eberhard Fromm/Hans-Jürgen Mende, *Die Ehrenbürger von Berlin* (= Marginalien zur Kultur- und Sozialgeschichte Berlin-Brandenburg, Berlin 1993.
Das gelehrte Teutschland oder Lexikon der jetzt lebenden teutschen Schriftsteller. Angefangen von Georg Christoph Hamberger fortgef. von Johann Georg Meusel, Bd. 1-23, 5. Ausg., 1796-1834 (Reprograph. Nachdr. Hildesheim 1965).
[Julius Eduard Hitzig], *Gelehrtes Berlin. Verzeichnis im Jahre 1825 in Berlin lebender Schriftsteller und ihrer Werke aus den von Ihnen entworfenen oder revidirten Artikeln zusammengestellt und zu einem milden Zweck herausgegeben*, Berlin 1826.
Gesamtverzeichnis des deutschsprachigen Schrifttums 1700-1910, Bd. 1-160, bearbeitet unter der Leitung von Peter Geils u. Willy Gorzny, München-New York-London-Paris 1979-1987.
Kreiskirchenrat Berlin-Wilmersdorf (Hrsg.), *Gemeindebuch des Kirchenkreises Berlin-Wilmersdorf*. Stuttgart 1955. [Darin Albrecht Kaiser: die Pfarrer von Wilmersdorf].
Hans Peter Hankel, *Die reichsunmittelbaren evangelischen Damenstifte im Alten Reich und ihr Ende. Eine vergleichende Untersuchung* (= Europäische Hochschulschriften. Reihe 3, Bd. 712), Frankfurt am Main u.a. 1996.

Horst Hoppe, *Die Geschichte der Kirche in Wilmersdorf*, Folge [1]-4, in: *Unsere Zeitung aus der evangelischen Auenkirchengemeinde Berlin-Wilmersdorf*, Juni, Juli, September und November 1997, Berlin-Wilmersdorf 1997.

C[arl] Kehr, *Die Geschichte des Königlichen Schullehrer-Seminars zu Halberstadt. Festschrift zur Jubelfeier seines hunderjährigen Bestehens am 10. Juli 1878*, Gotha 1878.

Königlich privilegirte Berlinische Zeitung von Staats- und gelehrten Sachen [Vossische Zeitung] 121-129 (1837-1846).

Die Medizin an der Berliner Universität und an der Charité zwischen 1810 und 1850 (= Abhandlungen zur Geschichte der Medizin und der Naturwissenschaften, H. 67), hrsg. von Peter Schneck und Hans-Uwe Lammel, Husum 1995.

Neue Deutsche Biographie, hrsg. von der Historischen Kommission bei der Bayerischen Akademie der Wissenschaften, Bd. 1ff., Berlin 1953ff.

Hans-Jürgen Rach, *Die Dörfer in Berlin. Ein Handbuch der ehemaligen Landgemeinden im Stadtgebiet von Berlin*, hrsg. von der Akademie der Wissenschaften der DDR/Zentralinstitut für Geschichte, Berlin 1988.

Christian Velder, *300 Jahre Französisches Gymnasium Berlin* [nebst Materialbd.], Berlin 1989.

Robert Wehlitz, *Wilmersdorfer Kurzberichte aus acht Jahrhunderten* [Manuskript], Bd. 1, Berlin [1950].

Walter Wendland, *Siebenhundert Jahre Kirchengeschichte Berlins*, Berlin-Leipzig 1930.

Heinrich Wohler, *Alte Berliner Dorfkirchen. Die Zeichnungen Heinrich Wohlers*, mit einer Einführung und erläuternden Texten hrsg. von Renate und Ernst Oskar Petras, Berlin 1988, S. 79, Nr. 5: Kirche in Wilmersdorf, 27. April 1834.

Personenregister

Agricola, Joh. Gottfr. Rudolf 42
Albrecht, Prinz v. Pr. 61
Altenstein, Karl Frhr. vom Stein zum A. 48, 56
Anna Amalia, Prinzessin von Preußen 25
Aristoteles 37

Baerend, Kossät 17
Baetke, Joh. Ferdinand Wilhelm 59
Balde, Joh. Christ. 16-18
Balok, Frau, verh. Kutzbach 23
Barby, Joh. Heinr. Christian 51
Batz, Krüger 17
Becker, Oberpr. 56
Behrend, Carl Wilhelm 54
Benecke, Gutsbesitzer 47
Benecke, Marie Henriette geb. Priem 61
Berg von, Hptm. 31
Bertling, Pred. 29
Bethmann Hollweg, Moritz Aug. von 64
Beuster, Georg Ludwig 54
Beyme, Karl Friedr. von 40, 50, 52, 57
Biester, Joh. Erich 31
Blisse, Joh. 46, 47
Blumenbach, Joh. Friedr. 45
Böhmer, Freund 30, 35
Bolz, Pächter 41
Bonaparte, Jérôme, Kg. v. Westf. 39
Bötticher, Joh. Friedr. Wilh. 46
Brand von, Kriegsminister 19
Brederlow, Charlotte 34
Brederlow, Fritz 34
Breitenbauch, Georg Aug. von 39
Brohm, Karl Friedrich August 52
Brömmel, Cand. 37
Brunnemann, Karl Heinr. 53
Busack, Küster u. Schulmstr. 22, 44
Buthstädt, Freund 30

Carl, Prinz v. Preußen 61
Carus, Ewald Friedr. Sophron 54, 55, 57
Catel, Samuel Heinr. 52
Cerf, Karl Friedrich 63
Charlotte, Hrzg. von Schleswig-Holstein 25, 27
Couard, Christian Ludw. 52
Cramer, Johann Andreas 27

Dannroth, Friedr. Gottl. Karl 54
Davout [Davoust] Louis Nicolas 23

Delley, Friederike, verh. Ritter → Ritter
Diederichs, Christoph Leopold von 54
Diesemann, Prediger 19
Dreising, Joh. Gottlob 58
Dreske, Pfr. 46
Dressel, Joh. Christian Gottfried 24, 41
Dressel, Marie Luise Emanuele 56

Eckardstein, Frhr. Franz von 21, 59, 64
Eichhorn, Minister 60
Engel, Gabriel 15
Erdmann, Joh. Christoph 20, 21
Ermann, Joh. Peter 39
Ernesti, Johann August 30
Eschenburg, Joh. Joachim 33
Euchler, Cand. 37

Felgentreu, geb. Tagewerk, Frau Rittmstr. 54
Fiedler, D. Pred. 56
Fintelmann, Oberförster 51
Fircks, Frhr. Georg Friedrich von 33
Forster, Joh. Reinhold 30
Frege, Ferdinand Ludwig 44, 66
Friebe, Bertha 58
Friebe, Wilhelm Zacharias 47, 50, 56, 64
Friedrich Albrecht, Fürst von Anhalt Bernburg 27
Friedrich II. Kg. in Pr. 25, 55
Friedrich Wilhelm I. Kg. v. Pr. 18, 19
Friedrich Wilhelm III. Kg. v. Pr. 43, 45, 46, 55, 64
Friedrich Wilhelm IV. Kg. v. Pr. 55, 59
Friedrich Wilhelm, Kürfürst v. Brandenburg 15
Friedrich, Geh. Hofrat 54
Fritsch, Freund 30
Fritz, Geh.Rat. → Fritze, Joh. Friedr.
Fritze, Joh. Friedr. 38
Fuhrmann, Johanne Theodore → Henning, Joh. Theodore
Fuhrmann, Meinhard 20
Fuhrmann, Otto 20
Fuhrmann, Samuel Gottlieb 18-20
Fürst, J.J., Dr. med. 59

Gädicke, Joh. Christian 51, 52
Gauß, Carl Friedr. 46
Gebauer, Karl Eduard 51
Gedicke, Oberkons. Rat 31
Gerhard, Freund 30
Gerlach, Gottfried 15-17

Gerlach, Landrat von 56, 57
Gesenius, Wilh. 47
Glatz, Jacob 26
Goeze, Joh. Aug. Ephr. 27
Gossauer, Leop. Franz 41
Götze → Goeze
Götze, Johanne Friedericke geb. Hennenberg 54
Graefe, Karl Ferd. von 56
Grunow, Andreas 16
Grunow, Eleonore Christiane 51
Güte, Heinrich Ernst 30
GutsMuths, Joh. Christ. Friedr. 27, 28, 43, 54

Hahnzog, Christian Ludw. 34
Hanstein, Gottfried August Ludwig 41, 43, 45
Hartmann, Anton Theodor 52
Hartung, August 36, 54
Haupt, Hautboist aus Wilmersdf. 66
Hecker, Andreas Jakob 31, 33, 36, 38
Hecker, Bauinspect., Potsdam 58
Henke, Ernst Ludw. Theod. 32
Henneberg, Justizrat 30
Hennenberg, Johanne Friedericke → Götze
Henning, Carl 21
Henning, Carl Christian Friedr. 21
Henning, Catharine Friederike Theodore 21
Henning, Charlotte geb. Sannow 18-21
Henning, Christoph Friedr. 20-22
Henning, Cuno Leopold Friedr. 21
Henning, Friedrich 21
Henning, Johann Martin 20
Henning, Johanne Henriette 21
Henning, Johanne Theodora geb. Fuhrmann 21
Henning, Ludwig 21
Henning, Pauline 21
Hensel, Freund 38
Herbst, Joh. Friedr. Wilh. 37
Hermes, Joh. Aug. 26, 27
Hermes, Ob.-Kons.-Rat 31
Heureuse, Jean Louis Édouard de 63
Hildebrand, Prof. 38
Hilmer, Geh. Rat 31
Himmerlich, Joh. Christ. Sigismund 63
Hindenberg, Gottlob Joachim 56
Hitzig, G.A.M. 56
Holweg, Prof. 47
Hoogen, Pastor 26
Horn, Ernst 38
Hübner, Frau verh. Kutzbach 23 → Kutzbach
Huêt, George von 54

Ilgen, Ernst Konstantin 51

Jakob, Ludwig Heinrich von 29, 30
Jakobi, Nanny 58
Joachim II. Kurfürst v. Brandenburg 54
Jung, Heinr. 36

Jünger, Joh. Friedr. 35
Jungius, Wilh. Friedr. 38

Kahlert, Sophie Charlotte 52
Kamecke, Paul Anton Graf von 16
Kämpe, Freund 38
Kampff, Inspector 19
Kandel, Pred. 63
Kant, Immanuel 36
Kanzler, Theodor 63
Kappert, Lehrer 38
Kemp, Franz 61
Kersten, von Reg. Präs. 30, 63
Kiesewetter, Prof. 36
Klaproth, Heinr. Wilh. Ferd. 36
Klaproth, Martin Heinrich 38
Knöpffler, Moritz 61
Kohlrausch, Geh. Ober-Medizinal-Rätin 58
Köpke, Dir. 51
Kosmann, Joh. Wilh, Andreas 36
Krage, Kommerzienrat 49
Krahmer → Kramer
Kramer, Carl 59
Kramer, Charlotte geb. Ritter 26, 55
Kramer, Familie, Posen 52
Kramer, Gustav 54
Kramer, Julie → Ritter
Kramer, Oberamtm. 26, 45
Kramer, Pauline geb. Ritter 56
Kramer, Pauline Henriette Elisabeth geb. Ritter 42, 46, 51, 60, 66
Krause, Johann Christoph 30
Krohne, Joh. Chr. Fried. 28
Krug, Johann Leopold 59
Krüger, Hofrat 61
Kuhfahl, Frau Prof. geb. Therbusch 55
Kuhfahl, Otto Christian Friedr. 51
Küster, Emil Theodor Ludwig 54
Küster, Samuel Christian Gottfried 52
Kutzbach, Frau geb. Hübner 23
Kutzbach, Heinr. Emil 23
Kutzbach, Joachim Friedr. 22, 24, 36
Kutzbach, Wilhelmine 23

Ladenberg, Adalbert 57
Lehmann, Herr, Carlsbad 58
Leiste, Pred., b. Halle 30
Lettow, Ernst Friedr. Gottlob 40
Levezow, Jakob Andr. Konrad 37, 49
Löwenheim, Henriette 44
Lüdecke, Pred. 37
Luise, Kgn. v. Pr. 42, 55

Maass, Joh. Gebhard Ehrenreich 30
Mählitz, Pächter, 46
Mählitz, Sophie 57, 61
Mann, Friedr. Theod. 46, 47, 49, 54, 66

Marks, Benj. Ad. 47
Martens, geb. Olbros, Oberdeichgräfin 56
Massow, Julius Eberhard von 35
Meier, Freund 30
Meier, Heinr. 36
Meinecke, Joh. Heinr. Friedr. 26, 27
Meinert, Prof. 30
Messow, Dorothee Elisabeth, verh. Ritter → Ritter
Messow, Johann Christoph 60
Metger, Friedr. Severin 37, 39
Metzner, Amtmann 32
Molière, Gaspard 61
Möllinger, Uhrmacher 44
Morus, Thomas 30
Mosheim, Johann Lorenz 30
Müller, C.F., Arzt 57
Mulzer, Georg Wilhelm 50, 58

Napoleon I, Kaiser 23, 39
Nicolai, Carl Aug. 35
Nicolai, Christoph Friedr. 31, 34
Nicolai, Pred., Bötzow 59
Niemeier, Aug. Herm. 29, 30
Nikolaus I. Kaiser v. Rußland 55
Noak, Freund 30
Nolte, Ob.-Kons.-Rat 37, 40
Nösselt, Joh. Aug. 29-31

Oken, Lorenz 46
Otto, Emilie 51

Paetel, Henriette Friederike Caroline
 geb. Kühlhorn 60
Pauly, Madame 58
Pay, Pastor 28
Pelkmann, Friedr. Samuel 45, 46, 60
Peters, Candidat 18, 19
Petiscus, Aug. Heinr. 39, 40
Pfennigk, Christian Gottlieb 37, 41
Platon 37
Podewils, Graf Friedrich Heinrich von 23
Poselger, Friedr. Theod. 52
Prange, Christian Friedr. 30

Rambach, Friedr. Eberhard 35
Rau, Weinmeister 17
Raumer 22
Rebeur, Louis de 56
Reimer, Georg Andr. 58
Reinbeck, Joh. Gustav 18, 19
Reineck, Betty geb. Kramer 63
Reineck, Major, Prester 63
Reineck, Rittmstr., Saarlouis 52
Ribbeck, Johann Gabriel Ernst Friedr. 40
Ribbeck, Konrad Gottlieb 40
Richter, Freund 30
Ringeltaube, Pred. 60
Ritter, Albert 26, 45, 53

Ritter, Carl 26, 27, 45, 47, 51, 52, 54, 57, 59, 61
Ritter, Charlotte 57
Ritter, Charlotte → Kramer
Ritter, Christoph Gerhard Wilhelm 21, 25 ff.
Ritter, Dorothee Elisabeth geb. Messow 25, 27, 28, 34
Ritter, Friederike geb. Delley, 41
Ritter, Friedr. Wilh. 25, 27
Ritter, Henriette geb. Teichelmann 52, 53
Ritter, Joh. 26, 27, 31, 34, 44, 45, 54, 55
Ritter, Joh. Wilh. Herm. 42, 44, 46, 51, 52, 53, 65 ff.
Ritter, Julie geb. Kramer 55
Ritter, Pauline 53
Ritter, Wilh. 53, 60
Rochow, Friedr. Eberh. 36
Rolle, Friedr. Heinr. 39, 63
Rösel, Samuel 59
Rothschild, Baron von 26
Rötter, Christian Friedrich 61
Rücker, Martin 16
Rummel, E.H., Dr. med. 63

Sadewasser, Königl. Justiz-Rat 58
Saladin, Isaak Nemon 39
Salzmann, Christian Gotthilf 27
Salzmann, Karl 52
Sannow, Charlotte 19
Sannow, Samuel 19
Scheve, Adolph Friedr. von 51
Schlechtendahl, Diedrich Friedrich Karl von 58
Schmädike, Kirchenvorsteher 17
Schneider, Freund 38
Schröther, Orgelbauer 61, 64
Schultz, Amtsbruder 52
Schwechten, Amtsrat 18-20
Snethlage, Bernhard Moritz 56
Sophie Charlotte, Kgn. in Preußen 16
Spillecke, Gottlieb Aug. 57
Starke, Gotthilf Wilhelm Christoph 28
Steger, Magister 32
Stemmler, Wettin 55
Stephani, Karl Friedr. 55, 57
Stolz, Prediger 19
Straube, Propst 37, 58
Stroth, Prof. 26
Sturm, Kriegsrat 22

Tasche, Kirchenvorsteher 17
Teichelmann, Henriette → Ritter, Henriette
Teller, Wilh. Abraham 21, 37
Thielmann, Bertha von 58
Troschel, Pred. 37
Tschech, Heinrich Ludwig 60

Ude, J. 61
Uhde → Ude
Ullmann, Karl 47

Voigt, Seminarist 42

Wach, Karl Wilh. 63
Wacker in Mainz 45
Wagnitz, Heinr. Balthasar 52
Waldeck, Dr. med. 65
Wilda, Cousin, Calbe 52, 53, 60
Wilmersdorf [Wilmestorff], Herr von 18, 19
Wolf, Friedr. Aug. 29, 30, 36
Wöllner, Joh. Christoph 22, 31
Woltersdorf, Gebriel Lukas 19
Wrede, Karl Friedrich 37

Zernick, Pfr. 38
Zerrenner, Emilie 29
Zerrenner, Friedr. 29
Zerrenner, Gottlieb 28, 29, 39, 58
Zerrenner, Heinr. Gottlieb 28, 34, 42
Zerrenner, Theod. 29, 52, 55
Ziegler, Dr., Quedlinburg 49
Zimmermann, Christian Gottlieb 30, 38, 58
Zöllner, Ob.-Kons.-Rat 31

Bildnachweis

Auf dem Einband:
Die Wilmersdorfer Kirche. Anonymes Ölbild. Original im Besitz der Evangelischen Auenkirchengemeinde Berlin-Wilmersdorf.

Abb. Seite 8:
Ausschnitt aus der Handschrift der Prediger Chronik (p. 206) zum Jahre 1806.

Abb. Seite 12:
Ausschnitt aus der Handschrift der Prediger Chronik (p. 211) zum Jahre 1813.

Abb. Seite 14:
Kirche und Pfarrhaus in Wilmersdorf (um 1834). Original im Besitz der Evangelischen Auenkirchgemeinde Berlin-Wilmersdorf.

Abb. Seite 24:
Die Wilmersdorfer Kirche 1797. Steinmetzarbeit an einem Hausportal in Berlin-Wilmersdorf, Hildegardstraße 4/5.

Abb. Seite 32:
Wilmersdorf. Ansicht der Kirche von Westen. Tuschezeichnung von 1797. Institut für Denkmalpflege, Berlin (Meßbildarchiv).

Abb. Seite 48:
Die Kirche in Wilmersdorf am 27. April 1834, aus Heinrich Wohler, Alte Berliner Dorfkirchen (Nr. 5).

Abb. Seite 62:
Die Wilmersdorfer Kirche von 1772. Ölmalerei, signiert (»Alfred Heida 1894«). Original in der Sakristei der Evangelischen Auenkirche zu Wilmersdorf.

Abb. Seite 64:
Grabtafel für C.G.W. Ritter aus Eisenkunstguß. Nach Restaurierungsarbeiten an der Auenkirche seit 1994 vermißt.

Genealogische Skizze

Friedrich Wilhelm Ritter (1747-1784) ∞ Dorothea Elisabetha Messow (1754-1799)

C.G.W. Ritter (1773-1846) ∞ Friederike Karoline Charl. Delley - Johannes Ritter - Carl Ritter (1779-1859) ∞ Julie Kramer (†1840) - Charlotte Ritter (†1840) ∞ Kramer (Landrat) - Albert Ritter

Carl Cramer (Postdirektor) (†17.9.1843)

Joh. Wilh. Herm. Ritter (*28.12.1812) ∞ Henriette Teichelmann - Pauline Henriette Elisabeth Ritter (*3.10.1811)   Albert Ritter

Wilhelm Ritter (*4.9.1839)   Pauline Ritter ∞ Gustav Kramer (1806-1888) (Prof.)

Heinrich Gottlieb Zerrenner (1750-1811) ∞ 1. Ehe (1775): Christiane Karoline Wagner (1757-1888) (6 Kinder, davon lebten:)

Theodor Ferdinand Zerrenner (1777-1840)* - Karl Christoph Gottlieb Zerrenner (1780-1851) - Emilie (?) Zerrenner ∞ Pred. Bertling

Friedrich Zerrenner

Heinrich Gottlieb Zerrenner (1750-1811) ∞ 2. Ehe (1788): Dorothea Elisabeth (verw.) Ritter geb. Messow (†31.12.1799) (2 Kinder, 5 Kinder aus 1. Ehe s.o.)
                                          ∞ 3. Ehe: Maria Christiana Dorothea Temme (verw. Brederlow) Kinder aus 1. Ehe:
                                                    Charlotte Brederlow ∞ Friedrich Ludwig Hahnzog (1779-1851) - Karl Gottlieb Friedrich Brederlow (1794-1859)

HISTORISCHE KOMMISSION
ZU BERLIN e.V.

Vorstand

Wolfgang Ribbe — Vorsitzender

Helmut Engel

Iselin Gundermann

Gerd Heinrich

Karl Heinrich Kaufhold

Horst Möller

Klaus Neitmann

Wolfgang Neugebauer

Winfried Schich

Kirchweg 33 (»Der Mittelhof«)
D-14129 Berlin (Nikolassee)